Planificación de la seguridad informática en la empresa. IFCT101PO

José Luis Villada Romero

ic editorial

Especialidad formativa

Se entiende por especialidad formativa la agrupación de contenidos, competencias profesionales y especificaciones técnicas que responde a un conjunto de actividades de trabajo enmarcadas en una fase del proceso de producción y con funciones afines.

Las especialidades formativas de Uso General, Formación Complementaria, Formación Modular y las especialidades formativas dirigidas a la obtención de certificados de profesionalidad se incluyen en el Fichero de Especialidades del Servicio Público de Empleo Estatal para su gestión en todo el territorio nacional por cualquier Administración competente.

Las especialidades complementarias, pertenecen todas a la Familia profesional de Formación Complementaria (FCO) y tienen la consideración de formación transversal en áreas que se consideran prioritarias tanto en el marco de la Estrategia Europea para el Empleo y del Sistema Nacional de Empleo como en las directrices establecidas por la Unión Europea. Se consideran áreas prioritarias las relativas a tecnologías de la información y la comunicación, la prevención de riesgos laborales, la sensibilización en medio ambiente, la promoción de la igualdad, la orientación profesional y aquellas otras que se establezcan por la Administración competente.

Las especialidades de Certificado de profesionalidad tienen una duración especificada en su normativa reguladora.

En el resultado de la búsqueda, se muestran las unidades de competencia, todos los módulos formativos con su duración y las unidades formativas del certificado correspondiente, con su duración. Las horas del certificado, exclusivo de las especialidades de certificado de profesionalidad, con alta igual o superior a 2008, son las horas totales más las horas del módulo de Prácticas Profesionales no Laborales.

➲ **Si la especialidad tiene unidades formativas,** las horas totales, presencial, distancia, teleformación serán igual a la suma de esas horas de las unidades formativas de los distintos módulos, sin que se repita ninguna Unidad formativa.

➲ **Si la especialidad no tiene unidades formativas,** las horas totales, presencial, distancia, teleformación serán igual a las sumas de esas horas de los módulos formativos, eliminando las horas de los módulos repetidos.

https://sede.sepe.gob.es/especialidadesformativas/RXBuscadorEFRED/BusquedaEspecialidades.do

(Fuente: Servicio Público de Empleo Estatal)

Índice

Unidad de Aprendizaje 1
Debilidades, amenazas y ataques

1. Introducción 13
2. Tipos de atacantes 13
3. Motivaciones del atacante 19
4. Metodología de un atacante determinado 25
5. Vulnerabilidades y ataques comunes 32
6. Herramientas de *hacking* 35
7. Ingeniería social 42
8. Prevención de ataques 45
9. Respuesta a contingencias 50
10. Resumen 52
  Ejercicios de autoevaluación 55

Unidad de Aprendizaje 2
Administración de la seguridad en redes

1. Introducción 61
2. Diseño e implantación de políticas de seguridad 62
3. Resumen 78
  Ejercicios de autoevaluación 81

Unidad de Aprendizaje 3
Tecnologías criptográficas

1. Introducción 87
2. Encriptación simétrica 87
3. Encriptación asimétrica 92
4. Firmas digitales 97
5. Certificados digitales 102
6. SSL/TLS. La herramienta de encriptación multiusos 106
7. Navegación segura: HTTPS 108
8. Resumen 111
  Ejercicios de autoevaluación 115

Unidad de Aprendizaje 4
Sistemas de autentificación

1. Introducción   119
2. Tecnologías de identificación   119
3. PAP y CHAP   124
4. RADIUS   129
5. El protocolo 802.1X   135
6. La *suite* de protocolos EAP: LEAP, PEAP, EAP-TLS   137
7. Sistemas biométricos   143
8. Resumen   145
    Ejercicios de autoevaluación   149

Unidad de Aprendizaje 5
Redes virtuales privadas

1. Introducción   155
2. Beneficios y características   156
3. IP Sec   168
4. VPN con SSL-TLS   175
5. Resumen   193
    Ejercicios de autoevaluación   197

Unidad de Aprendizaje 6
Firewalls

1. Introducción   201
2. Arquitectura de *firewalls*   201
3. Filtrado de paquetes sin estados   207
4. Servidores *proxy*   212
5. Filtrado dinámico o *stateful*   220
6. *Firewalls* de siguiente generación   224
7. Funciones avanzadas   226
8. Resumen   228
    Ejercicios de autoevaluación   231

Unidad de Aprendizaje 7
**Detección y prevención automatizada
de intrusiones (IDS-IPS)**

1. Introducción   237
2. Arquitectura de sistemas IDS   238
3. Herramientas de *software*   252
4. Captura de intrusos con *honeypots*   267

5. Resumen   271
Ejercicios de autoevaluación   275

Glosario   277

Bibliografía   283

OBJETIVOS GENERALES

Los objetivos generales del **IFCT101PO. Planificación de la seguridad informática en la empresa,** son los siguientes:

- ⊃ Planificar la seguridad informática en la empresa.
- ⊃ Aprender conceptos y procedimientos generales relacionados con aquellos agentes externos que amenazan la seguridad informática de una empresa.
- ⊃ Analizar todo lo relacionado con la planificación de seguridad informática de red en la empresa.
- ⊃ Conocer las bases de las técnicas criptográficas más importantes de hoy y su utilidad en la vida real.
- ⊃ Aprender los fundamentos sobre el proceso de autenticación en redes.
- ⊃ Conocer en qué consiste una red virtual privada y cómo utilizarla para garantizar la seguridad de la información.
- ⊃ Analizar el concepto de *firewalls* y sus usos.
- ⊃ Conocer la detección y prevención automatizada de intrusiones..

Debilidades, amenazas y ataques

Contenido

1. Introducción
2. Tipos de atacantes
3. Motivaciones del atacante
4. Metodología de un atacante determinado
5. Vulnerabilidades y ataques comunes
6. Herramientas de *hacking*
7. Ingeniería social
8. Prevención de ataques
9. Respuesta a contingencias
10. Resumen

Objetivos

El objetivo general de esta Unidad de Aprendizaje es:

→ Aprender conceptos y procedimientos generales relacionados con aquellos agentes externos que amenazan la seguridad informática de una empresa.

Los objetivos específicos de esta Unidad de Aprendizaje son:

→ Tomar conciencia de por qué es tan importante la seguridad informática en una empresa.

→ Entender por qué ocurren los ataques a sistemas informáticos.

→ Aprender en qué consiste un ataque informático y las fases por las que pasa.

→ Conocer las técnicas actuales más importantes que utilizan los atacantes sobre los sistemas informáticos.

→ Ser capaces de diferenciar qué comportamientos pueden aumentar el riesgo de amenazas y cuáles no.

1. Introducción

Desde siempre ha existido un elemento imprescindible y de máxima importancia en toda empresa, independientemente de su modelo de negocio, estructura o elementos activos y/o pasivos que la constituyan. Ese elemento ha sido, es y será la **información.**

La tecnología de la información surge como una herramienta esencial para lograr que todo ese conocimiento esté bien organizado y su análisis pueda garantizar un rendimiento óptimo de los modelos de negocios.

Antiguamente, esa información solo estaba accesible por un pequeño número de empleados de la empresa o socios, pero desde la entrada en la era de la información y la globalización del mundo la información se ha convertido en un tesoro que se ve amenazado constantemente por agentes externos.

Para el desarrollo de nuestro curso nos vamos a centrar en el caso de Sergio, que se dedica a proporcionar asesoramiento a empresas para la implantación de sistemas de seguridad informática. Tiene que visitar una nueva empresa para ayudar a detectar posibles riesgos y aconsejar sobre el uso de políticas de seguridad.

2. Tipos de atacantes

☞ HILO CONDUCTOR

Sergio aprovecha las primeras visitas a la empresa para reunirse con el personal administrativo, técnico y directivo, con el fin de aclarar conceptos. En concreto, explica la importancia que tiene la información para la empresa y en cómo esta se utiliza en la nueva era de las comunicaciones. También explica por qué en la actualidad aparecen tantas noticias sobre ataques a los sistemas de información de grandes empresas, y quiénes están detrás de estos.

Hasta la fecha, la nueva cibersociedad ha sido dividida en múltiples áreas o zonas donde socializan personas afines a sus gustos, inquietudes, enseñanzas, etc.

Los innumerables grupos sociales se apoyan en las nuevas tecnologías para intercambiar todo tipo de información. Sin embargo, el usuario normal no se percata que a veces, ese flujo de información puede perjudicarle seriamente. **¿Es el precio que hay que pagar por vivir en una sociedad globalizada?**

Todos los grupos sociales "virtuales" unidos en la red forman la cibersociedad.

 **DEFINICIÓN**

Cibersociedad

Es el lugar donde existen y se producen las comunicaciones electrónicas. Un espacio para la nueva sociedad, que se encuentra estructurado a partir de información que circula de una máquina a otra, invisible pero absorbente, que busca cubrir en la mayoría de los casos una necesidad humana, ya sea por el trabajo, la educación, el ocio, las actividades económicas, comerciales o las actividades de la vida cotidiana.

Por su propia naturaleza, los **sistemas de información** están sujetos a una amenaza constante y, en la mayoría de los casos existe una o varias maneras de aprovechar una debilidad de la misma para comprometer la información que administra.

 **DEFINICIÓN**

Información
Es un recurso que otorga significado o sentido a la realidad, ya que, mediante códigos y conjuntos de datos, da origen a los modelos de pensamiento humano.

Sistema de información
Es un conjunto de elementos que se relacionan entre sí para la administración, tratamiento y organización de la información, la cual se utilizará una vez procesada para cubrir las necesidades de un individuo, colectivo u organización.

En general, todo sistema informático se apoya en **5 elementos.** Cada uno de ellos puede ser amenazado de alguna forma y, por lo tanto, podemos considerarlos como elementos a debilitar si queremos atacar el sistema.

> **Hardware**
> - Es la parte física del sistema. Es decir, la máquina donde reside el *software:* dispositivo de red, cpu, etc. Como elemento material es susceptible a problemas como desconexión de cables, sobrecalentamientos o subidas de tensión.

> **Software**
> - Es la parte lógica del sistema, los programas, el sistema operativo, etc. Puede presentar problemas como eliminación de servicios, ejecución errónea, inestabilidad por baja memoria.

> **Datos**
> - Es toda la información que maneja el sistema y que nos dice algo al ser humano. Problemas como alteración de contenidos, introducción de datos falsos o manipulación fraudulenta de datos que les afectan.

Continúa en página siguiente >>

<< Viene de página anterior

Usuarios
- Los usuarios son el elemento activo e interactivo. Es el que configura y programa el sistema. Pueden ocurrir incidentes como la suplantación de identidad, el acceso no autorizado o la visualización de datos confidenciales.

Memoria
- Es el elemento lógico que permite representar la información para su transformación y procesamiento. De forma interna es utilizada por los procesos del *software*. Pueden surgir problemas cuando se hace un mal uso o gestión de ella, lo que puede llegar a provocar bloqueos o incluso interrumpir la ejecución de los sistemas. Muchos virus la usan para desplegarse y reproducirse.

NOTA

Hardware, *software* y datos son los tres pilares más importantes y juntos se conocen como el triángulo de debilidades del sistema, ya que son los que presentan el mayor porcentaje de ataques.

Los intereses particulares de los personajes o agentes que utilizan sus recursos para atacar los sistemas de información han ido evolucionando con el tiempo.

Miembro del grupo anonimous, grupo de hackers muy conocido por manifestarse en acciones de protesta a favor de la libertad de expresión y de la independencia en la red.
(© Fotografía: Cineberg / Shutterstock.com)

Sin embargo, todos ellos son catalogados como "piratas informáticos" o "piratas de la red", y vistos como la nueva generación de "rebeldes" que utilizan sus conocimientos para delinquir. Esta no es la realidad actual, algunos de estos "rebeldes" utilizan la tecnología, conocimientos y enseñanzas en favor de causas nobles, mientras que otros lo hacen para destruir o delinquir. Es necesario establecer una categorización más adecuada para que la gente entienda en quién puede confiar y en quién no.

 **EJEMPLO**

No se puede considerar un acto delictivo cuando un *hacker* consigue entrar en un sistema, cuya motivación es simplemente el reto de conseguirlo o encontrar una vulnerabilidad en el sistema para informar de ello a sus creadores. Mientras que sí se debe considerar un acto delictivo si ese hecho trae como finalidad el robo o destrucción de información relevante o confidencial de terceras personas.

Los integrantes de la nueva cibersociedad que utilizan sus conocimientos sobre la tecnología para realizar ataques sobre los sistemas se pueden clasificar en dos grupos: los **atacantes pasivos,** que observan el sistema y aprovechan sus vulnerabilidades sin corromperlo o modificarlo; y los **atacantes activos,** que van más allá y realizan alguna manipulación del mismo. A continuación, se muestran los grupos de atacantes por la finalidad concreta de sus actos:

- *Hackers:* podemos decir que son aquellos individuos con conocimientos muy avanzados en sistemas cuyo principal y único interés es conocer lo máximo posible de estos. Para ello, utilizan cualquier técnica que consiga poner en jaque el propio sistema, intentando conocer todos sus entresijos. Cuando un *hacker* realiza un ataque sobre un sistema lo hace únicamente para demostrar que puede acceder a él a través de alguna vulnerabilidad. Para ellos, es como un reto y, una vez conseguido el acceso, deja de tener importancia. No dañan el sistema al que acceden ni roban información.
- *Crackers:* son la primera de las familias de ciberdelicuentes más importante. Es aquel experto con conocimientos muy avanzados sobre sistemas que, fascinado por su capacidad de romper sistemas y *software,* se dedica única y exclusivamente a romper las restricciones de acceso impuestas por estos para el beneficio propio o de los demás. Es decir, rompen la protección de un sistema y después lo difunden, normalmente a través de la red para conocimientos de otros.

- **Lamers:** por lo general, son individuos a los que les gusta el mundo del *hacking,* pero que no llegan a tener los conocimientos avanzados o suficientes de los primeros. La mayoría de ellos apenas saben cómo funciona un ordenador, pero se obsesionan por buscar y leer toda la información de interés para alcanzar su objetivo. Les parece fascinante la idea de acceder a un sistema remoto y ponen en práctica todo el *software* de *hackeo* que encuentran para ello. Es un grupo muy peligroso porque no saben muy bien lo que hacen.
- **Copyhackers:** son un nuevo grupo que posee conocimientos muy avanzados sobre todo en el *hackeo* del *hardware,* mayoritariamente del sector de tarjetas inteligentes que se usan en los móviles. Su única preocupación es sacar beneficio económico.
- **Bucaneros:** son un grupo de individuos que buscan simplemente comerciar con productos de *cracking,* no tiene escrúpulos a la hora de distribuir el producto de un *cracker* a nivel masivo solo con fines económicos. No adquieren conocimientos y no conocen la tecnología, y por eso, son peores que los *lamers.*
- **Phreake:** al igual que los *copyhackers,* es un grupo que tiene amplios conocimientos en telefonía. Un *phreaker* tiene conocimientos muy avanzados sobre los sistemas de telefonía, tanto terrestres como móviles.
- **Creadores de virus:** en este grupo podemos encontrar a dos tipos de individuos: el primero suele ser un estudiante que ha terminado, o está aprendiendo a programar y tiene curiosidad por probarse a sí mismo, y todo lo que sabe. Si resulta un virus aceptable puede llegar a ser peligroso. El otro grupo son los conocidos como "creadores de virus profesionales". Es el más peligroso porque, aparte de estar preparados para su cometido, son capaces de propagarlos pasando totalmente desapercibidos.
- **Newbie:** se trata básicamente de un individuo que tiene pocos conocimientos informáticos pero que comienza su camino a convertirse en *hacker.* Para ello, visita las páginas de *hackeo,* indaga y prueba cada herramienta de *hacking* que se descarga y, a diferencia de los *lamers,* sigue los pasos de forma cauta para lograr convertirse en *hacker,* nunca se mofa de su logro y está en continuo aprendizaje.
- **Script kiddie:** es un usuario de internet normal y corriente, sin conocimientos sobre *hacking,* pero que son devotos de estos temas. No comprenden el *hacking* y utilizan sus herramientas sin cuidado. Por lo general, terminan infectando su propio sistema.

NOTA

Debes aprender a distinguir qué tipo de atacante hay detrás de sus acciones, ya que te permitirá prevenir muchos ataques a tu sistema.

APLICACIÓN PRÁCTICA

Nuestro antivirus hace unos días emitió una notificación de alerta por virus. Tras no darle demasiada importancia, comenzamos a experimentar inestabilidad en el sistema, con repentinos cuelgues por errores como falta de ficheros. Parece que el virus corrompió el sistema destruyendo ficheros, algunos críticos para el funcionamiento del mismo. ¿Sabrías identificar el tipo de atacante que pudo desencadenar tan desastrosas consecuencias?

Solución

Los creadores de virus son el activo más peligroso que hay en la red, ya que desarrollan un tipo de *malware* destructivo en esencia. No reparan en la persona que hay detrás de su ataque y buscan principalmente la propagación indiscriminada.

ACTIVIDAD COMPLEMENTARIA

1. Imagina que tu ordenador se infecta con un virus de tipo *Ransomware*. ¿Qué tipo de ciberdelicuente crees que está detrás de la acción? Investiga en internet en qué consiste este tipo de virus.

3. Motivaciones del atacante

HILO CONDUCTOR

Sergio, ante la mirada atenta de todo el personal de la empresa, comienza a explicar que hace mucho tiempo trabajaba de informático y en su antigua empresa se produjo un caso de ataque DoS, conocido como ataque por denegación de servicio. Esto provocó un colapso de los servidores, donde se alojaban las cuentas y las nóminas de todos los empleados, y que estuvieron casi dos me-

Continúa en página siguiente >>

<< Viene de página anterior

ses sin cobrar sus sueldos. Más tarde, se descubrió que el ataque iba dirigido a otra empresa dedicada a las apuestas deportivas, y que alojaba su web en los mismos servidores. Lo que pretendía el atacante era conseguir mayor volumen de apuestas en otra web que hacía la competencia.

Una de las claves para garantizar la protección de los datos es, sin duda, comprender qué lleva a determinadas personas a perpetrar ataques a servidores que se encuentran a miles y miles de kilómetros de distancia.

En general, se demuestra que cualquier ataque cumple alguna de las siguientes motivaciones:

Dinero
- Los ataques buscan como principal objetivo un enriquecimiento personal o conjunto. Por ejemplo, el robo de información confidencial para venderla posteriormente, extorsiones, intentos de manipulación en las cotizaciones de valores bursátiles, etc.

Diversión
- Es una forma de pasar el rato. Algunos usuarios pasan mucho tiempo delante del ordenador.

Ideología
- Son ataques realizados a instituciones u organizaciones que no piensan lo mismo que los atacantes y estos buscan boicotear de alguna manera esa forma de pensar.

Compromiso
- El atacante busca reconocimiento social. Necesita demostrar a otros atacantes que él es el más listo de todos.

Autorrealización
- El atacante busca satisfacer su ego, demostrando que es capaz de aprovechar una vulnerabilidad y poner en compromiso aquellas mentes que idearon el sistema pero sin alardear de su hazaña ni hacerla pública.

Pero, a pesar de que un ataque satisface alguna de las grandes causas que hemos citado anteriormente, se hace necesario buscar causas más concretas para entender el pensamiento de un ciberdelicuente. Analizando muchos de los casos que se documentan en la web, existen una gran variedad de motivaciones personales como pueden ser fraude, extorsión, robo de información, venganza o simplemente el desafío de penetrar un sistema. Incluso razones que traspasan lo personal, como últimamente estamos observando en los ataques que se están produciendo. Hablamos de términos como el *hacktivismo,* el ciberespionaje o la cibeguerra.

Desde *Check Point Research,* la división de Inteligencia de Amenazas *Check Point Software Technologies,* publica el Informe Global de Ciberataques del segundo trimestre de 2023, en el que se muestra que los ataques semanales han aumentado un 8 % con respecto al mismo periodo del año anterior, alcanzando el punto más alto de los últimos dos años con un promedio de 1.258 ciberataques por semana. Europa ha experimentado un aumento significativo del 21 % interanual en los ataques de *ransomware* por empresa, que afecta a 1 de cada 54 empresas.

Promedio global ataques cibernéticos semanales por organización (2022-2023)

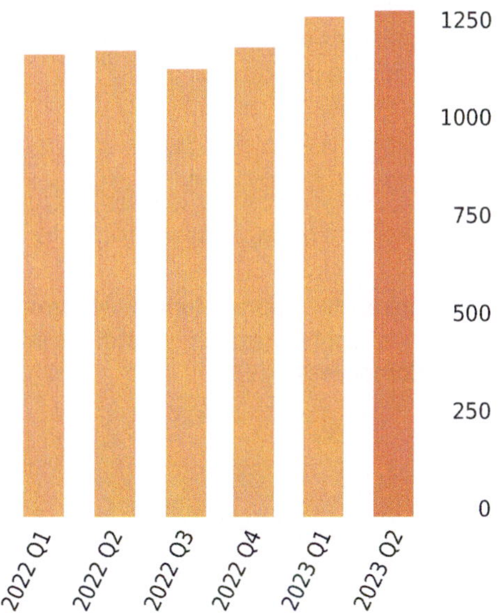

En general, los ataques según la motivación de sus atacantes siempre se puede encontrar dentro de alguna de las siguientes **categorías:**

- **Cibercrimen:** abarca toda acción, antijurídica y culpable que se pueda producir utilizando los dispositivos informáticos y que tengan como objetivo el daño de otros medios electrónicos, ya sea *software* o *hardware* a través de la red. Las conductas criminales están evolucionando más rápido de lo que lo hace la legislación. Por ello, existen conductas que no se pueden como delito, según la "Teoría del delito", pero que en origen son criminales; estas se definen mayoritariamente como abusos informáticos. El 75 % de todos los ataques que se producen tienen que ver con este tipo de motivaciones.
- **Ciberespionaje:** el 19,4 % tiene que ver con ataques para **ciberespionaje.** Es decir, existen gobiernos que contratan servicios de espionaje en la red porque saben que la información que guarda es relevante para adoptar infinidad de estrategias: ya sean políticas, económicas, etc. Cada vez es más notable este tipo de motivaciones.
- **Ciberguerra:** el 3,1 % es un valor muy pequeño, pero no por ello despreciable en el fondo. Estamos ante la versión ofensiva del ciberespionaje. Las acciones que se llevan a cabo intentan desestabilizar al adversario, provocando colapsos en sus sistemas que generan rendimientos monetarios, y a veces, implicando la seguridad de los propios individuos.
- *Hacktivismo:* el 1 % de *hacktivismo* es un valor ridículo en consonancia con lo que ocurre en el resto de la cibersociedad, pero en unos años este valor será mucho mayor. Esto es debido a que la cibersociedad se expresa a través de los sistemas informáticos y siempre existirán aquellos que a través de los mismos intenten sesgar la opinión de los demás. Es algo que vemos a diario en la vida real.

NOTA

El FBI utiliza el acrónimo MICE para referirse, de forma resumida, a las distintas motivaciones de los atacantes de la red y sistemas informáticos. MICE viene de *Money*, *Ideology*, *Compromise* y *Ego*.

ACTIVIDAD COMPLEMENTARIA

2. Haz una comparativa de los términos *hacktivismo*, ciberespionaje, ciberguerra y cibercrimen. Explica las diferencias que hay entre ellos y busca

Continúa en página siguiente >>

<< Viene de página anterior

algunos ataques famosos que se hayan producido en el último año para cada uno de los casos.

Te propongo que veas este **documental donde se explica en qué consisten los ataques a sistemas de información,** quienes están detrás de ellos junto a sus motivaciones e intereses, y cómo se intuye un panorama futuro dominado por agentes que pueden hacer tanto daño. Todo esto, que no es ajeno a nuestras vidas se siente muy difuso y de difícil entender y, no por ello, debe caer en la despreocupación, ya que, como bien explica el vídeo, las amenazas pueden llegar a ser muy concretas y reales.

https://redirectoronline.com/ifct101po0101

Sin duda, el hecho de que el uso de las redes de comunicación electrónica se haya generalizado ha multiplicado el número de quienes las usan con fines "ilegales", es una cuestión de probabilidad.

Los **objetivos** de los ataques informáticos son muy variados aunque con un patrón de funcionamiento familiar: los **objetivos gubernamentales** aparecen encima de las preferencias para los atacantes, seguidos por los **objetivos educativos** y **legislativos.**

Según el informe de la división de *Inteligencia de Amenazas Check Point Software Technologies,* el sector de educación/investigación fue el más afectado en número de incidencias, con un promedio de 2.179 ataques por empresa a la semana, lo que representa una pequeña disminución del 6 % desde el segundo trimestre de 2022.

El sector de gobierno/militar ha sido el segundo más atacado, con un promedio de 1.772 ataques por semana, lo que representa un aumento del 9 % respecto al mismo período del año anterior. El sector salud le ha seguido de cerca, con un promedio de 1.744 ataques por semana, reflejando un aumento significativo interanual del 30 %.

Sin embargo, el cambio más significativo se ha producido en los sectores minorista/mayorista y consultoría, que experimentaron el mayor aumento interanual con un aumento del 38 %, que se traduce en 1.105 y 958 ataques semanales respectivamente.

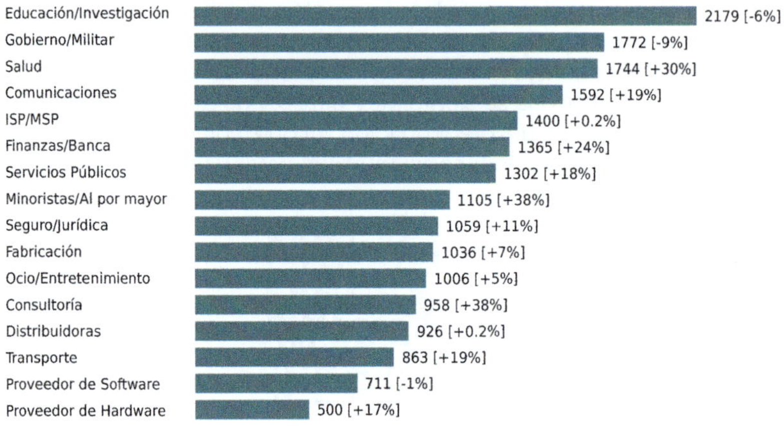
Promedio global de ataques cibernéticos semanales por industria (2023 Q2 vs. 2022 Q2)

ACTIVIDAD COMPLEMENTARIA

3. Con lo estudiado hasta ahora, ¿cuál crees que puede ser la mayor motivación por la que un individuo puede cometer un ataque contra un centro educativo?

TAREA 1

Imagina que se da el siguiente escenario: una empresa que se dedica a la producción de tejido que manufactura a nivel internacional, y por otro lado, una empresa que corresponde a una firma textil muy importante cuyo proveedor principal es esta primera. La empresa de producción registra cada una de sus elaboraciones en un sistema informático diseñado a medida. La empresa de la firma textil solicita a través de una plataforma que conecta con el sistema de

Continúa en página siguiente >>

<< Viene de página anterior

producción una determinada cantidad de tela en proporciones industriales para elaborar la ropa de sus clientes.

¿Cuáles serían las consecuencias de un ataque al sistema que controla la planta de producción de tela? ¿Cuáles serían las consecuencias si el ataque se produjera a la plataforma de la firma de tela? En ambos casos, ¿habría influencia de estas acciones sobre los propios clientes finales? ¿Cuál podría ser la motivación principal de cada uno de los ataques? ¿Compartirían intereses?

4. Metodología de un atacante determinado

☞ HILO CONDUCTOR

Sergio sabe que un hecho vale más que mil palabras y piensa demostrar todo lo que dice. Para ello, ha decidido realizar un ataque con su portátil sobre un servidor de la empresa en la que trabaja. Por supuesto, el servidor está preparado para soportar el ataque. Explicará las distintas fases por las que pasa el ataque desde que decide realizarlo hasta que elimina todo el rastro en el ordenador de la víctima para no levantar sospechas.

Para poder llevar a cabo un ataque informático se tienen que cumplir ciertos **requisitos** en los atacantes: estos deben disponer de los medios técnicos, los conocimientos y las herramientas adecuadas, y por supuesto, tener una determinada motivación o finalidad. Pero sobre todo, debe existir una oportunidad de realizarlo o una facilidad para el desarrollo del ataque (por ejemplo, el caso de un fallo en la seguridad del sistema informático).

De todos los factores que hemos nombrado, existen tres que constituyen lo que podríamos denominar como el **"Triángulo de la Intrusión"**, concepto que se presenta de forma gráfica en la siguiente figura:

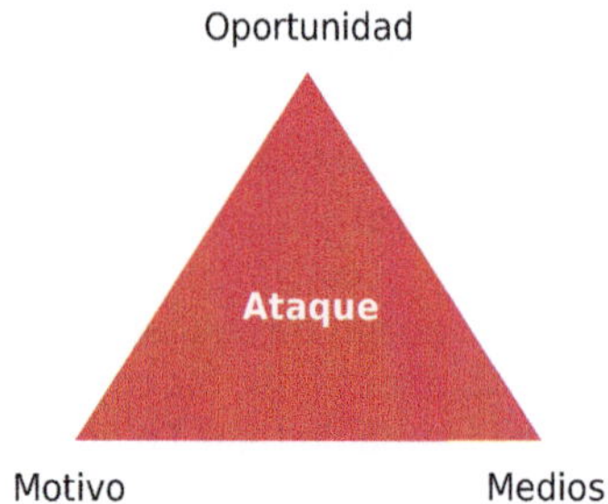

Independientemente de la **motivación** y la **tecnología** que se utilice, el **ataque** siempre se puede ver como un proceso compuesto por una serie de pasos que se deben seguir con sumo cuidado si no se quiere fracasar y/o ser detectado.

La **secuencia de pasos** es la siguiente:

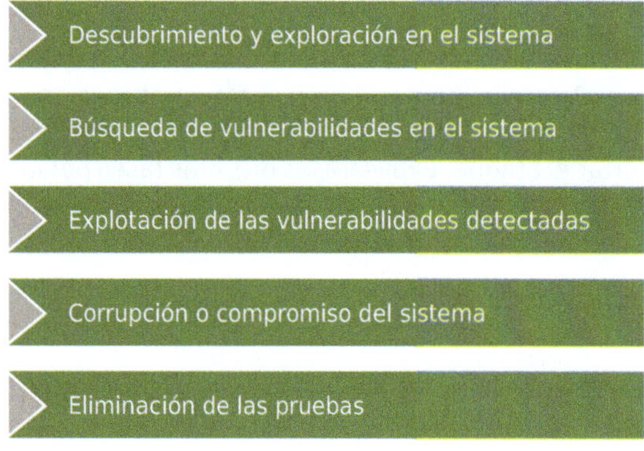

4.1. Fase de descubrimiento y exploración en el sistema

En esta fase, el atacante debe reunir mucha información de la víctima potencial. Desde la información técnica hasta la personal porque también puede esclarecer qué tipo de tecnología utiliza. Existen múltiples formas de obtenerla dependiendo del tipo de información. Por ello, se suele dividir en dos etapas muy definidas e independientes:

Footprinting	Fingerprinting
- Es una fase del proceso de reconocimiento que consiste en la búsqueda de cualquier tipo de información referente a la víctima del ataque. Cabe destacar que toda la información de esta etapa se obtiene de forma pasiva. Es decir, sin utilizar ninguna herramienta de escaneo o filtrado para obtenerla. Se trataría de información que se encuentra en un contexto público, aunque parte de ella pertenezca al ámbito privado. Se intenta aprender lo máximo posible de su entorno.	- En esta fase se trata la recogida o recopilación de datos específicos o técnicos del sistema de la víctima que se pretende atacar. Se centra, por lo tanto, en el tipo de sistema, su versión, sus programas y actualizaciones instaladas, etc.

Algunas técnicas utilizadas para recabar toda la información necesaria en estas dos fases son:

Sniffing
- En esta etapa, el atacante busca toda la **información** posible del sistema de la víctima, a partir de la información que circula por la red donde se encuentra dicho sistema. Para ello, el atacante utiliza programas que monitorizan los paquetes (información) que viaja a través de ella.

Phishing
- Otro método que suelen usar los atacantes para obtener este tipo de información es conocido como *phishing*. Un tipo de ingeniería social, que se basa en que el atacante utiliza correos electrónicos o sitios web maliciosos para solicitar información personal, regularmente financiera para analizar la posterior respuesta del sistema.

Scanning
- Se trata de utilizar el escaneo de puertos del sistema. Dependiendo de los puertos a la escucha y sus respuestas se puede conocer mucha información sobre el sistema de destino.

Ingeniería social
- Este tipo de técnica consiste en la utilización de la interacción humana (habilidad social) para obtener información del sistema. Puede ser de forma directa, mediante el diálogo con la persona objetivo para obtener información, o bien, utilizando la tecnología o redes sociales.

4.2. Fase de búsqueda de vulnerabilidades en el sistema

Esta es la fase que el atacante realiza antes de lanzar un ataque sobre su objetivo. Cuando el atacante busca vulnerabilidades en el sistema objetivo utiliza toda la información que obtuvo en la fase anterior. En concreto, ya sabrá qué tipo de sistema operativo usa su víctima, así como el tipo de navegador, aplicaciones instaladas, máquinas conectadas a la red, etc.

El atacante analiza el código del sistema para encontrar un fallo que permita aprovechar.

Algunas herramientas que se usan son las siguientes:

- **Network mappers:** son herramientas del estilo de *nmap,* que utilizan paquetes IP para comprobar qué equipos se encuentran disponibles en la red, qué servicios están a la escucha de peticiones e información, en general, de los servidores y sistemas operativos de cada equipo de la red donde operan.
- **Port mappers:** es el protocolo que mapea el número de puerto con un programa que se mantiene a la escucha a través de ese puerto. Cuando un programa necesita obtener un puerto para mantenerse a la escucha utiliza este protocolo. El atacante podría utilizar dichos programas para detectar ciertas vulnerabilidades a la hora de asignar puertos a algunos servicios.
- **Network scanners:** son herramientas que nos permiten realizar un escaneo más profundo de la red, a nivel de los paquetes que viajan por ella. Analizando la información que circular por una red se pueden detectar anomalías de los servicios que se ofrecen.

- *Port scanners:* son técnicas que se utilizan para escanear los puertos que se encuentran abiertos en un sistema sin que el atacante sea detectado. Una herramienta que permite realizarlas es *nmap.*
- *Vulnerability scanners:* por supuesto, existen herramientas que te permiten analizar un sistema para indicarte cuáles son las vulnerabilidades más importantes de este. Estas herramientas evitan mucho trabajo, pues no es necesario buscar a ciegas dichas vulnerabilidades.

EJEMPLO

Una de las vulnerabilidades más conocidas en un sistema *Linux* es la que se ha utilizado durante muchos años y que tiene que ver con el servicio "finger". Este servicio permite mostrar la lista de usuarios registrados en el sistema cuando alguien se conecta remotamente.

Debemos conocer los pasos que un atacante realiza para amenazar los sistemas, ya que solo así podemos ponérselo difícil si quiere atacarnos.

APLICACIÓN PRÁCTICA

Si un atacante comienza a buscar información de su víctima y se encuentra con cierta información como que su sistema objetivo se ubica en un servidor en Los Ángeles, bajo un anillo de seguridad en red compuesto de dos *firewalls*, y el rango de IP asignadas está en 10.2.X.X. ¿En qué fase de las vistas hasta ahora se encontraría el posible ataque al sistema?

Solución

La fase donde el atacante recolecta la mayor parte de la información referente a su víctima se conoce como *footprinting* y es la primera de todas las etapas que se realizan en el procedimiento de ataque informático.

4.3. Fase de explotación de las vulnerabilidades detectadas

La siguiente acción del atacante será la de **explotar** la vulnerabilidad o fallo encontrado en el sistema. Aprovecharlo para acceder al sistema con todos los privilegios, o para extraer información relevante. Es la etapa donde se lleva a cabo el ataque realmente.

Las explotaciones se pueden realizar desde internet, LAN, o bien fuera de línea *(offline)*. Entre las técnicas más utilizadas encontramos:

- *Buffer Overflows* (desbordamiento de *buffer)*
- *DoS* (Denegación de servicio)
- *DdoS* (Denegación de servicio distribuido)
- *Sesión Hijacking* (secuestro de sesión)
- *Password Cracking* (romper la clave del usuario)
- Ataque *man-in-the-middle*

 **EJEMPLO**

Una conocida herramienta para la explotación de vulnerabilidades es *metasploit,* que permite una conexión remota con el sistema objetivo aprovechando la vulnerabilidad *Remote Authentication Bypass:*

```
msf exploit(handler) > run

[*] Started reverse handler on 192.168.101.159:4444
[*] Starting the payload handler...
[*] Sending stage (957486 bytes) to 192.168.101.129
[*] Meterpreter session 1 opened (192.168.101.159:4444 -> 192.168.101.129:50278)
 at 2015-11-27 15:58:04 -0500

meterpreter > shell
Process 2732 created.
Channel 1 created.
Microsoft Windows [Version 6.1.7601]
Copyright (c) 2009 Microsoft Corporation.  All rights reserved.

C:\Windows\System32>
```

Esta sería la primera parte de la explotación de una vulnerabilidad para provocar un daño en el sistema.

4.4. Fase de corrupción o compromiso del sistema

Una vez conseguido el acceso al sistema, el atacante cambia su prioridad. Ahora necesita mantener el acceso a ese sistema que atacó. Para ello, lo logra haciendo uso de los recursos del propio sistema atacado. Más concretamente, lo puede usar como plataforma de lanzamiento de ataques con fines de escaneo y explotación a otros sistemas que desee atacar.

En este momento, con el control del sistema, el atacante puede alterar programas y datos. Lógicamente, el atacante desea permanecer oculto e indetectable para lo que debe eliminar cualquier rastro o evidencia del ataque. Por último, aprovechará todas las puertas traseras, troyanos y gusanos posibles para mantener el ataque perdurable en el tiempo.

 **EJEMPLO**

Una vez ganado el acceso a un sistema de tipo *Linux,* corromperlo puede ser tan fácil como intentar ejecutar el siguiente comando:

```
$ rm -rf /
```

4.5. Fase de eliminación de las pruebas

Una vez ha acabado el ataque, es necesario destruir todo rastro o evidencia de las acciones. Sin embargo, muchos atacantes dejan una puerta abierta que les facilita el acceso al sistema en cualquier momento. Destruir las huellas o trazabilidad del ataque permite ponerles más duro a los administradores de sistemas y redes, el conseguir pistas sobre el atacante y tipo de ataque y, por lo tanto, complicar que puedan corregir la vulnerabilidad explotada.

Algunas **herramientas** y **técnicas** que se utilizan en esta fase son:

Troyanos
- Se trata de un *malware* que brinda al atacante acceso remoto al equipo infectado. Por lo general, se usa después de un ataque.

Steganography
- Es una técnica que se ha puesto de moda entre los atacantes. Se basa en ocultar mensajes dentro de imágenes para esconder las pistas de la información relevante de la actividad maliciosa en el equipo afectado. Esa información que viaja en forma de imagen es difícil de detectar.

Tunneling
- Es una técnica que permite que un código malicioso no sea detectado frente a módulos de detección, mediante punteros directos a los vectores de interrupción. Los antivirus también utilizan esta técnica.

Rootkits
- Es un programa informático que busca obtener privilegios de root en el sistema donde se ejecuta. Cuando lo obtiene, es capaz de ocultar procesos y archivos que utilizó para conseguirlo. De esta forma, los antivirus no son capaces de detectarlos.

Alteración de *Log Files*
- Consiste en buscar todos los ficheros del *log* del sistema y borrar las entradas que tienen que ver con todas las acciones que hemos llevado a cabo en el sistema desde que ganamos su acceso.

5. Vulnerabilidades y ataques comunes

 **HILO CONDUCTOR**

Después de la demostración de ataque que ha realizado Sergio junto a la explicación de las fases por las que este pasa, comienza a describir uno a uno los ataques más utilizados en la actualidad. Su objetivo es que los empleados de la empresa entiendan que hay una gran diversidad de formas de dañar o sustraer la información que les pertenece.

Una **vulnerabilidad informática** no es más que un fallo o debilidad de un sistema que puede aprovechar un atacante para realizar un ataque y comprometer toda la información que almacena y/o tiene acceso.

En la mayoría de los casos, las vulnerabilidades son el resultado de *bugs* o de fallos en el diseño del sistema. Pero existen muchas otras situaciones que pueden llegar a producir vulnerabilidades en un sistema que se ha diseñado pensando en la seguridad.

Las **causas de las vulnerabilidades** son las siguientes:

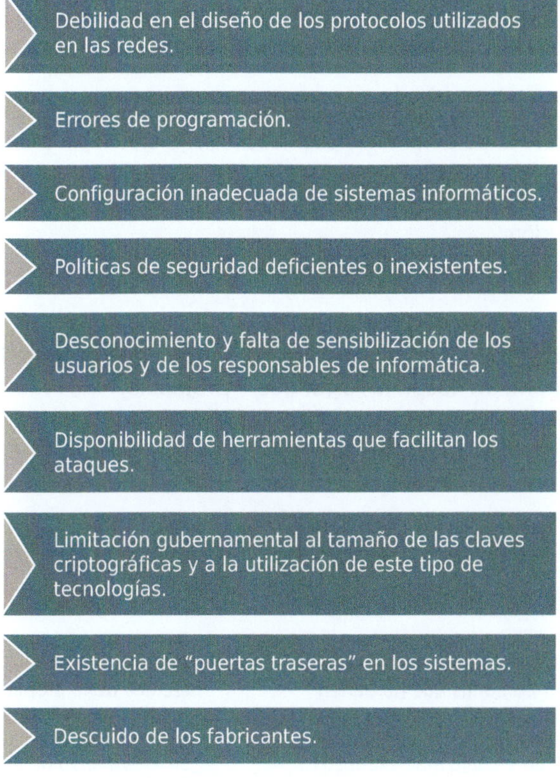

NOTA

Microsoft ha lanzado parches destinados a abordar las vulnerabilidades de día cero presentes en las bibliotecas de código abierto *libwebp* y *libvpx* (CVE-2023-4863 y CVE-2023-5217), las cuales fueron identificadas en octubre de 2023 y afectan a plataformas como Skype, Teams y Edge.

En referencia a la vulnerabilidad CVE-2023-4863, se centra en un desbordamiento de búfer en el *software* de la biblioteca pública *libwebp*, utilizada para la codificación y decodificación de imágenes en formato WebP. Concretamente, basta con una imagen maliciosa en formato WebP para ejecutar código perjudicial en el sistema afectado y desencadenar un fallo del sistema.

En relación con la vulnerabilidad CVE-2023-5217, esta se relaciona con un desbordamiento de búfer en la codificación VP8 en *libvpx*, la biblioteca de códecs de video en formato *libvpx*. En otras palabras, el error podría haber afectado a los usuarios que emplean VP8 para codificar sus videos en este formato de compresión.

Por el contrario, una **amenaza es la acción que explota la vulnerabilidad** y que pone en riesgo la seguridad y protección del recurso informático, en este caso, el sistema de información. Debemos conocer cuáles son las formas más utilizadas de aprovechar estas vulnerabilidades para mejorar la protección frente ellas.

Amenazas externas	Amenazas internas
- Se originan desde fuera de la red interna de la empresa. - Suelen ser personas que no tienen nada que ver con la empresa. - Son más difíciles de llevar a cabo, necesitan un trabajo más exahustivo y conocimientos más avanzados de los sistemas.	- Del 60 % al 80 % de los ataques. - Las originan los usuarios y personal técnico de la propia empresa. - Pueden ser más dañinas que las externas, ya que los sistemas de prevención de intrusos o IPS, *firewalls* no están preparados para filtrar el tráfico interno.

6. Herramientas de *hacking*

 HILO CONDUCTOR

Ahora, Sergio va realizar una demostración sobre una de las herramientas más destacadas por los atacantes cuando quieren obtener información de una red, es un programa de tipo *sniffer*, el cual se encarga de obtener todos los paquetes que atraviesan un determinado dispositivo de red.

Para aprovechar una **vulnerabilidad** o **debilitar** un sistema, el atacante suele utilizar pequeños programas con acciones muy diversas, aunque con el mismo fin. Se conocen con el nombre de *exploit.*

DEFINICIÓN

Exploit
Las definiciones habituales hablan de un programa o código que se aprovecha de un agujero de seguridad (vulnerabilidad) en una aplicación o sistema, de forma que un atacante podría usarla en su beneficio.

Es fácil confundir la definición de *exploit* con la de *malware,* pero no es lo mismo. El *exploit* no es un código malicioso por naturaleza, sino que es la "llave" para que estos accedan y corrompan el sistema.

El ***exploit*** lo que hace es abrir la puerta del sistema para el ataque. Sería así como si un sistema tuviera un error o una forma de funcionar (vulnerabilidad) que permitiera, utilizando un pequeño código *(exploit),* convertirse en un sistema preparado para ser atacado. En el último paso, el atacante ganaría el acceso al sistema y ejecutaría el código *(malware)* para corromperlo u obtener información relevante.

Alguna de las **finalidades** más comunes de un *exploit* puede ser una o varias de las siguientes:

Obtener acceso
- Un *exploit* podría ejecutarse y ganar acceso remoto a otra máquina. Sería el ataque que compromete de forma total al sistema.

Instalar una puerta trasera
- Otro ejemplo de finalidad de un *exploit* podría ser instalar un troyano para ganar acceso más tarde.

Dejar la máquina fuera de línea
- También sería un resultado satisfactorio para un ataque si dejara fuera de línea un servidor del que dependieran muchos usuarios.

Escuchar información
- O bien, un *exploit* podría reenviar toda la información que obtiene en la red a un tercero para analizarla.

6.1. Categoría de los *exploit*

Los **exploit** se pueden clasificar en diferentes categorías en función del ámbito de ejecución de los mismos. Para ganar el acceso a un sistema, los atacantes suelen utilizar a menudo más de un forma de atacarlo. Si la técnica utilizada para el primer ataque no funciona se seguiría utilizando otras formas de ataque hasta obtener el control total del sistema.

Lo que más define un *exploit* es su ámbito de ejecución, porque su diseño global depende de él. Por lo tanto, una clasificación que se puede hacer de ellos es la siguiente:

Sobre internet	Sobre la LAN
- Ataques coordinados - Secuestro de sesión - *Spoofing* - Caballos de troya o virus - *Relaying*	- *Sniffing* sobre el tráfico - *Broadcasts* - Acceso a los archivos - Control remoto - Ataques a las redes inalámbricas

Continúa en página siguiente >>

<< Viene de página anterior

Localmente	Fuera de línea
- Observación detrás de los hombros - Terminales abiertas - Contraseñas escritas - Máquinas desconectadas	- Descargas de archivos de contraseñas - Descargas de textos encriptados - Copiar grandes cantidades de datos

Sobre internet

El tipo de *exploit* que usa como ámbito de ejecución internet es el más utilizado en los ataques. Esto puede ser debido a muchísimas causas pero, sobre todo, debido a que casi todas las compañías, sean del tipo que sean, hoy en día están conectadas a internet y, aunque no están 24 horas del día trabajando, sus servidores sí lo están y es fácil irrumpir en un horario en el que es más difícil detectar un ataque.

Ataques coordinados
- El *exploit* prepara y sincroniza ataques que suponen la colaboración de decenas, centenas e incluso miles de atacantes a la misma vez.

Secuestro de sesión
- El *exploit* enmascara el inicio de sesión de un usuario, intentando que crea que está iniciando sesión en su propio sistema.

Spoofing
- El *exploit* lo que ayuda es a suplantar una dirección IP, dirección de correo, etc.

Caballos de troya
- Un caballo de troya sería un *exploit* que permite abrir un acceso directo del atacante sobre el sistema en cuestión.

Relaying
- El *exploit* consiste en enmascarar el ataque para que parezca que proviene de una máquina diferente a la suya.

Sobre LAN

Una gran parte de *exploit* está pensada para actuar en la misma red donde se despliegan. Están categorizados como muy dañinos, ya que ninguna compañía piensa que un ataque pueda provenir o tener origen en su intranet. Suelen llevarlos a cabo el personal de confianza, lo que los hace muy difícil de detectar.

Sniffing
- Sobre el tráfico: el *exploit* se basa en la idea de estar continuamente monitorizando la información que se transmite por la red.

Broadcasts
- Se basa en la inundación de la red mediante paquetes.

Acceso a los archivos
- El atacante se ayuda de cierta información relevante y de la debilidad de los usuarios a la hora de establecer determinadas contraseñas.

Control remoto
- El *exploit* realizaría una conexión remota al sistema objetivo para ganar el acceso.

Ataques a las redes inalámbricas
- El objetivo es atacar el ancho de banda para disminuir el rendimiento de la red.

Localmente

Estos *exploit* son más raros de encontrar porque actúan sobre la misma máquina que los ejecuta. Quizás pueda ser el resultado de un acceso conseguido por otros medios. Por ejemplo, acceso directo al servidor.

Observación detrás de hombros
- Mirar tras los hombros cuando alguien está escribiendo la contraseña.

Terminales abiertas
- El atacante puede aprovechar los momentos en los que el empleado no se encuentra en su puesto para obtener el acceso al sistema.

Contraseñas escritas
- Algunos empleados escriben las contraseñas para recordarlas.

Máquinas desconectadas
- También se puede atacar un sistema reiniciando su máquina o apagándola.

Fuera de línea

Los *exploits* que actúan fuera de línea suelen realizar ataques en los que se roba cierta información para planear el ataque a otra red. Son muy difíciles de detectar.

Descargas de archivos de contraseñas
- Se basa en la idea de descargar de alguna forma el archivo de cifrado de contraseñas del sistema.

Descargas de textos encriptados
- En esta técnica, el *exploit* envía la información de texto que ha codificado el usuario al atacante para, mediante fuerza bruta u otros algoritmos, descifrarla.

Copiar grandes cantidades de datos
- Utilizar medios de almacenamiento persistentes para almacenar los archivos de contraseñas o codificados con los mismos fines anteriores.

Entre la diversidad de herramientas que los ciberdelincuentes suelen utilizar, ya hemos visto que los *exploits* sirven a un propósito muy específico, otro tipo de herramientas se utilizan para extraer información con la que analizar el posible ataque, mientras que existen otro tipo de herramientas, conocidas como *malware,* que son precisamente las que realizan el ataque al sistema de alguna forma. A continuación, se describen algunas de las más utilizadas:

- **Extraer información.** Como su propio nombre indica, se trata de herramientas que se utilizan para obtener información, bien de los sistemas o bien de la red donde se encuentra la víctima:

  - *Nmap:* se utiliza para obtener las máquinas que componen la red.
  - *Wireshark:* es un *snnifer* muy famoso para monitorizar la red.
  - *John the ripper:* famosa herramienta para la desencriptación de claves de usuario por fuerza bruta.
  - *Nikto:* herramienta para escanear servidores web y obtener multitud de información sobre servicios, sistemas, etc.

- *Malware.* Se trata de las herramientas que se utilizan para dañar el sistema. Trozos de código que roban información, destruyen información, vuelven inestables a los sistemas, etc.:

  - *Spyware: software* que se instala para monitorizar las acciones de un usuario.
  - Virus: *software* que busca dañar e infectar nuevas máquinas.
  - Troyano: *software* que se instala para abrir un agujero de seguridad para permitir ganar acceso o enviar ficheros dañinos.
  - *Spam:* correo electrónico que no sirve para nada, solo para inundar y saturar las bandejas de entrada y los servidores de correo.
  - Gusanos: *software* que busca propagarse por la red y colapsar el ancho de banda esta.
  - *Rootkit: software* que al ejecutarse obtiene privilegios de administración en el sistema.

- **Fuera de línea.** Los *exploits* que actúan fuera de línea suelen realizar ataques en los que se roba cierta información para planear el ataque a otra red. Son muy difíciles de detectar:

  - Descargas de archivos de contraseñas: se basa en la idea de descargar de alguna forma el archivo de cifrado de contraseñas del sistema.
  - Descargas de textos encriptados: en esta técnica, el *exploit* envía la información de texto que ha codificado el usuario al atacante para, mediante fuerza bruta u otros algoritmos, descifrarla.
  - Copiar grandes cantidades de datos: utilizar medios de almacenamiento persistentes para almacenar los archivos de contraseñas o codificados con los mismos fines anteriores.

Extraer información	Malware
- Nmap - *Wireshark* - *John the Ripper* - *Nikto*	- *Spyware* - Virus - Troyano - *Spam* - Gusanos - *Rootkit*

Debemos conocer los tipos de *exploits* que pueden utilizar los atacantes para comprometer o debilitar tu sistema.

APLICACIÓN PRÁCTICA

Por razones de mantenimiento, nos vemos obligados a desconectar temporalmente nuestro sistema de la red internet, mientras nos conectamos desde otra máquina de la misma red para realizar algún tipo de modificación en los ficheros del sistema con el fin de mejorar la seguridad. ¿A qué tipo de *exploits* estaríamos expuestos en este preciso instante?

Solución

Es obvio que si el servidor no se encuentra conectado a internet es imposible un ataque directo desde el exterior.

ACTIVIDAD COMPLEMENTARIA

4. Descarga *wireshark* de su página oficial. Instálalo en tu equipo y ejecútalo para obtener información de los paquetes que viajan por tu red.

7. Ingeniería social

☞ HILO CONDUCTOR

Ahora Sergio explicará una técnica muy utilizada hoy día por los atacantes y que tiene que ver más con las relaciones e interacciones entre las personas que con técnicas desde el punto de vista tecnológico. Se trata de la ingeniería social.

Con una filosofía totalmente opuesta a cualquier técnica de desarrollo de aplicaciones para obtener una ventaja sobre la víctima, la ingeniería social se basa en un conjunto de estrategias para aplicarlas en el trato personal y conseguir esa ventaja respecto a otros.

Un ejemplo muy conocido, a la par que ridículo, es la que se conoce como estafa nigeriana, un correo electrónico donde se promete a su destinatario una recompensa económica muy cuantiosa. Para ello, intenta convencer de que la fortuna le corresponde gracias a una herencia, por ganar un sorteo, por donación o por otros diversos motivos. Para adquirirla, se exige un pago por adelantado que es una cantidad muy inferior en comparación con la ganancia final.

NOTA

Los mensajes de *phishing* basados en la ingeniería social continuarán su gran crecida durante los próximos años, según los datos de *WatchGuard*.

Entre los casos más famosos de *hackeos* en los que se utilizó la ingeniería social para acceder a datos sensibles, figura el ciberataque a Sony Pictures en 2014 o el reciente pirateo de cuentas de X a personalidades como Elon Musk, Obama o Bill Gates.

Se distinguen **dos grandes grupos** dentro de la ingeniería social, dependiendo de cuánto dure la interacción con la víctima:

Hunting	Farming
- Sería el grupo de ataques que busca obtener información específica del objetivo con la menor exposición directa posible. Es decir, con el menor contacto posible. En la práctica, la finalidad es conseguir X dato importante. El atacante se pone en contacto con la víctima de algún modo y la persuade para obtener la información.	- Sería justo lo contrario al *hunting*. En este caso, se busca mantener el engaño un mayor tiempo posible, de forma que se pueda maximizar la cantidad de información obtenida de la víctima. Para ello, se suele recurrir a granjas de identidades, que por lo general han sido robadas con anterioridad.

Lo más importante de estas técnicas es entender que en la práctica **no hay ningún sistema informático que nos pueda prevenir de un ataque de este tipo**. Como mucho, y a lo sumo, se puede realizar una implantación de directivas de seguridad (ISO o la normativa que más le guste) que eviten que el eslabón más débil de la cadena se rompa (el trabajador/cliente/usuario).

En general, se debe formar a los trabajadores para que tengan los conocimientos suficientes como para no caer en un engaño (o al menos para minimizar las consecuencias asociadas a él).

Los **principios** de la ingeniería social son los siguientes:

Reciprocidad
- Una de las características del género humano es que somos individuos con naturaleza recíproca. Es decir, si alguien nos ofrece algo nosotros le devolveremos el favor tarde o temprano. Igualmente, si alguien nos trata mal, automáticamente estaremos más susceptibles de repetirlo a la inversa. Es por ello que es importante entender que es difícil encontrar alguien que trabaje de forma altruista, y menos que tengamos nosotros la suerte de ser su objetivo. Por lo tanto, será mejor desconfiar de aquellas oportunidades que parecen imposibles.

Continúa en página siguiente >>

<< Viene de página anterior

Urgencia
- Para contrarrestar la desconfianza, se suelen utilizar reclamos como: ¡Aproveche esta oferta! ¡Hasta fin de existencias! ¡Durante los próximos cinco minutos…! Esto puede indicar que hay una estafa detrás, solo que intenta disimular que es algo único o que ocurre pocas veces para hacerlo más probable. También podemos encontrar mensajes negativos de este tipo como: Tienes 24 horas para enviarme X datos del banco o Hacienda te pondrá la consabida multa. Todo falso obviamente.

Consistencia
- Como somos "animales de costumbres", algunas personas pueden inducirnos a realizar determinadas acciones camufladas junto a otras acciones menos importantes y que hacemos en el trabajo con asiduidad. Aunque esas acciones sean raras terminaremos realizándolas por haber dado nuestro consentimiento previo del conjunto.

Confianza
- Puede ocurrir que confiemos en determinadas personas, bien porque nuestro interlocutor nos cae bien o bien porque está alineado con nuestros intereses. Si eso ocurre, podría llegar a traicionarnos y pedir ciertos favores a cambio de información que nosotros mismos le hemos proporcionado como muestra de confianza.

Autoridad
- No es lo mismo que nos pida las credenciales de acceso a un servicio un empleado, el becario o nuestro jefe. Se pueden distinguir la usurpación por robo de perfil digital o bien aparentando un perfil ficticio.

Validación Social
- Como seres sociales que somos, buscamos la aprobación del colectivo. Por tanto, si en un e-mail alguien nos pide específicamente que hagamos algo y parece que todo el mundo lo hace es posible que acabemos haciéndolo también nosotros. Los atacantes lo saben y engañan creyendo que las acciones no son importantes o las ha realizado media empresa.

 ## ACTIVIDAD COMPLEMENTARIA

5. ¿Es posible defenderse de la ingeniería social? ¿Qué técnicas se te ocurren para conseguirlo en caso de que lo consideres posible?

8. Prevención de ataques

 ## HILO CONDUCTOR

Sergio sabe que con su discurso todos los participantes han tomado un poco más de conciencia sobre los efectos negativos que puede tener un ataque a los sistemas de información de la empresa. A continuación, explicará la importancia que tendrá una buena planificación de seguridad informática para evitarlos.

La **seguridad informática** en la empresa busca proteger y prevenir que cualquier agente externo o interno, que no tengan autorización, haga un uso indebido de los sistemas de información para el beneficio propio o de terceros, afectando directa o indirectamente al rendimiento del negocio. Y, en todo caso, minimizar el daño comercial si finalmente se produjeran los ataques.

Para lograr estos objetivos, se establecen una serie de medidas de seguridad que intentan preservar las infraestructuras tecnológicas y de comunicación. Algunas de estas medidas tienen que ver con implementar la instalación de programas de antivirus, *firewalls,* desactivación de ciertas funciones de *software,* cuidar del uso adecuado de la computadora, así como evitar mal uso de los recursos de red o de internet por parte del personal.

Sin embargo, la **seguridad de la información** va mucho más allá, intenta prevenir de posibles amenazas, cualquier medio donde se localice información, ya sea un sistema informático, o bien un impreso en papel. Se centra en mejorar los procesos y procedimientos de negocio mediante medidas técnicas, organizativas y legales, con el fin de garantizar que se cumplen los **principios de confidencialidad, integridad y disponibilidad** de los sistemas de información.

La **seguridad informática se preocupa de proteger la infraestructura lógica y física a nivel informático,** así como la información que de alguna manera reside o hace uso de esta infraestructura. Por el contrario, la seguridad de la información abarca no solo la seguridad informática, sino cualquier tipo de información en la empresa, sea cual sea el medio en el que se encuentre.

Seguridad informática vs. Seguridad de la información

Actualmente, vivimos una época en la que cualquier operación se puede realizar utilizando un sistema de información. Por lo tanto, es obvio que necesitamos asegurar que todos nuestros datos se están utilizando únicamente para nuestros fines y no para el de alguien ajeno a nosotros.

El robo de datos tan importante y tan simple como el número de cuenta bancaria, el de la tarjeta de crédito o, por qué no, el del simple DNI pueden ocasionar problemas muy graves si caen en las manos de determinadas personas.

Las **dos formas** de atacar los sistemas son:

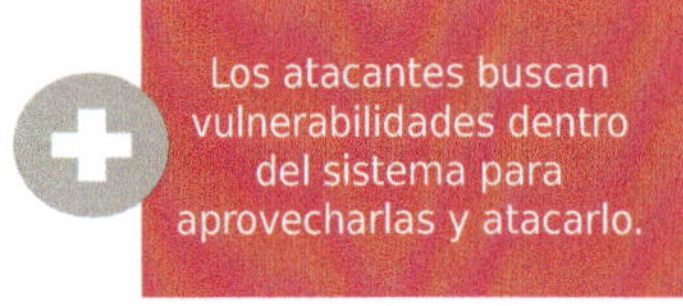

Está claro que una empresa, si quiere evitar ser atacada, necesita un buen sistema de prevención que se base en la idea de utilizar recursos dedicados al análisis de la seguridad para establecer **políticas de seguridad** que permitan minimizar el riesgo.

Algunos de los mecanismos que se implantan adicionalmente al uso de estas políticas son los de cibervigilancia activa o contraespionaje.

Estas técnicas consisten en preservar la seguridad informática, aplicando una vigilancia activa y continuada sobre los recursos de red, utilizando herramientas que otros atacantes podrían utilizar para obtener la información relevante de la red.

 **NOTA**

Según Omar Abbosh, *chiefstrategyofficer* (CSO) de Accenture: "La cuestión es hacer frente al problema de la seguridad desde la perspectiva de un atacante". Aquí entraría en juego el término de cibervigilancia activa o contraespionaje.

La receta de la seguridad informática en grandes compañías se compone de **cuatro estrategias** que, combinadas, no solo construirán un muro de seguridad, sino que, además, podrán prevenir los ataques y apagarlos incluso antes de que se produzcan.

Identidad digital
- Es necesario proporcionar un sistema de verificación de la identidad en línea que permita de forma segura identificar a un individuo o corporación en la cibersociedad. De forma que podamos ser identificado sin ningún tipo de duda frente a cualquier acción que se cometa en la red.

Seguridad de las aplicaciones
- El acceso de los usuarios al sistema debe estar reforzado, impidiendo la entrada de aquellos cuya identidad no sea probado o validada.

Continúa en página siguiente >>

<< Viene de página anterior

Estrategia y riesgo
- Es necesario adoptar una política de presunción de que es posible atacar satisfactoriamente nuestro sistema. Analizar el posible impacto de cada tipo de ataque es crucial para escoger las estrategias de prevención correctas.

Ciberdefensa
- A colación con el caso anterior, si es posible atacar el sistema, debería ser posible defenderlo. Analizando los tipos de ataques y debilidades de nuestro sistema podemos escoger estrategias de protección o reforzamiento del mismo ante eventuales ataques.

Sin embargo, y pese a adoptar medidas globales para la prevención de ataques, existen un montón de pequeñas acciones que ocurren diariamente en una empresa, y que son potenciales riesgos de quebrantar el mejor sistema de prevención implantado. Para evitar que alguna de ellas provoque una catástrofe es necesario formar y concienciar a todos los empleados de la empresa, independientemente de sus conocimientos técnicos.

Algunas de las **siguientes acciones** pueden evitar una oleada de pánico entre los integrantes de los departamentos más técnicos en una empresa:

- Evitar pulsar enlaces "raros" o desconocidos.

- No visitar sitios web dudosos o sin seguridad https.

- No caer en engaños de suplantación de identidad.

- Usar distintas contraseñas.

- Cambia tu contraseña cada cierto tiempo.

- No reenviar nunca por correo electrónico algún dato importante.

Continúa en página siguiente >>

<< Viene de página anterior

Usa protección para tu sistema (antivirus, *antimalware*, etc.).

Los técnicos de la empresa son el eslabón más fuerte para prevenir los ataques y, sin duda, sus comportamientos también son determinantes a la hora de evitar que se produzcan problemas de seguridad y amenazas en los sistemas. Para ello, algunas de las muchas medidas que se deben para preservar la seguridad informática pueden ser:

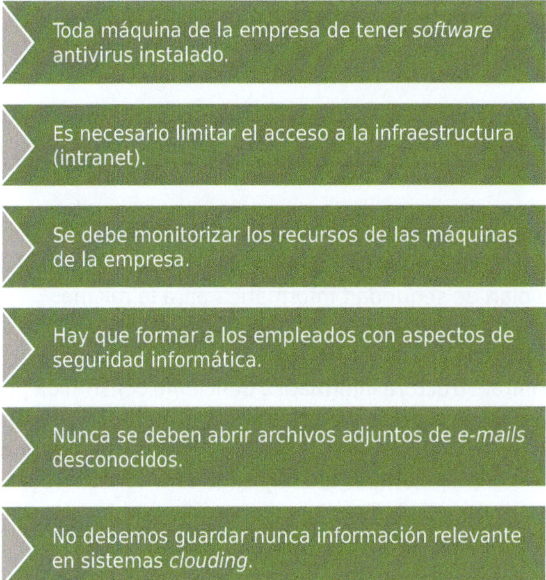

La **prevención** es la clave para evitar el 80 % de los ataques que hoy en día proliferan en la red. Sin embargo, las medidas pueden llegar a ser tan simples como no hacer clic en un correo que llega sin identificación. Es necesario, por lo tanto, transmitir este conocimiento a todos los empleados de la empresa para evitar futuros problemas.

APLICACIÓN PRÁCTICA

Trabajamos ocho horas diarias delante de un ordenador y recibimos correos electrónicos con mucha frecuencia, correos corporativos y de clientes por igual. Sin más datos, ¿cuáles crees que serían las primeras medidas de seguridad que tendríamos que adoptar?

Solución

Existen muchas acciones que pueden provocar la pérdida de seguridad. No existe unas más relevantes que otras, por lo que se debe formar al trabajador antes de utilizar las tecnologías.

TAREA 2

Acabas de ser contratado como asesor de seguridad de una empresa que se dedica a la venta *online* de artículos de moda, y tu jefe te exige que elabores un buen plan de seguridad informática para la misma.

Partiendo del tipo de empresa en el que te encuentras, y sabiendo que cuentan con una infraestructura informática deficiente constituida por un servidor donde se aloja la base de datos y el *marketplace;* y un par de ordenadores que sirven para realizar modificaciones. ¿Cómo plantearías el plan de seguridad? ¿Qué acciones deberían cumplir todos y cada uno de los integrantes de la empresa incluido el propio jefe? ¿Cuáles serían nuestras amenazas principales en cuestión de seguridad informática?

---

9. Respuesta a contingencias

HILO CONDUCTOR

Sergio necesita plantear un protocolo que ayude a minimizar el daño sufrido cuando se produce un ataque. Para ello, tendrá en cuenta la naturaleza de todos

Continúa en página siguiente >>

<< Viene de página anterior

los posibles ataques y analizará y actuará como si se hubiera producido el ataque en cada uno de los casos, definiendo las pautas y comportamientos a seguir.

Sin embargo, y pese a todas las técnicas y procedimientos de planificación de la seguridad informática, los expertos indican que **evitar todos los ciberataques** es demasiado complicado, casi imposible, por lo que es necesario trabajar para que las organizaciones perfeccionen el procedimiento a seguir cuando ocurra una catástrofe de este tipo.

De esta forma, la entidad recuperará lo antes posible el control, y podrá realizar las acciones de **desinfectacción de equipos,** evaluación de daños producidos y tomar las medidas pertinentes. Esa sería la diferencia entre un plan de contingencias efectivo y uno que no lo es. He aquí las fases de las que se compone un plan de contingencias:

Poner en marcha un plan de respuesta
- Después de conocer que se ha producido el ataque, el primer paso es poner en marcha el plan de respuesta correspondiente con la política de seguridad establecida.

Coordinar al equipo de trabajo que hará frente al ciberataque
- En el plan de respuesta debe estar especificado quién se encargará de hacer frente al ciberataque. Se realizará el contacto con todos los profesionales para coordinarlos en el plan de actuación. Por supuesto, no solo están involucrados perfiles de TI y relacionados con la seguridad de la información.

Contactar con terceras partes
- El equipo responsable de dar respuesta debe también contactar con los proveedores habituales de TI y seguridad, para solicitar asesoría y ayuda ante la eventualidad, proporcionando toda la información que conozcan sobre el tipo de ataque, consecuencias y soluciones. También, si fuera necesario, se notificaría el suceso a las autoridades y fuerzas de seguridad nacionales.

Continúa en página siguiente >>

<< Viene de página anterior

Transparencia y comunicación
- Por el hecho de que se produzca un ataque a nuestra organización, no es síntoma de debilidad. Hay que tener en cuenta que todas las grandes compañías han sufrido ataques y siguen sufriendo de forma diaria. El silencio solo genera incertidumbre y desconfianza y efectos mucho más negativos en la imagen de la compañía. Por ello, una buena comunicación con los empleados, clientes y socios debe ser la tónica predominante tras un ciberataque.

Aprender la lección
- Por último, y subsanado el problema, toca aprender de los errores cometidos y reforzar la seguridad en el ámbito que se haya producido el ataque.

10. Resumen

Un **sistema de información** siempre está sometido a una amenaza constante, debido principalmente a su propia naturaleza. Dichas amenazas buscan brechas de seguridad o debilidades en el sistema, conocidas como vulnerabilidades, que aprovechan para realizar las acciones "maliciosas". Las motivaciones son muy diversas:

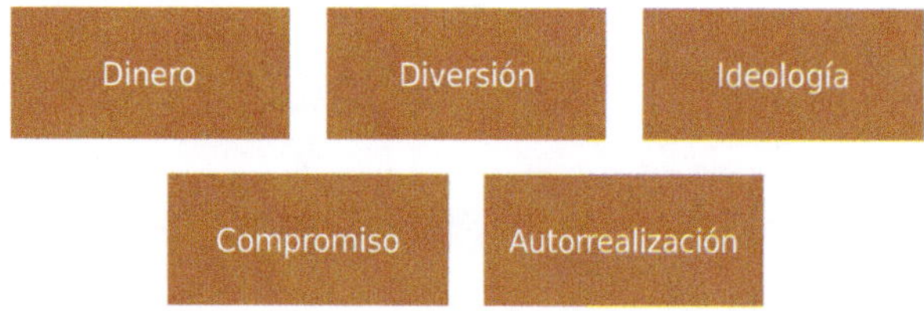

Pero un ataque informático involucra realizar un conjunto de pasos metódicos muy determinados:

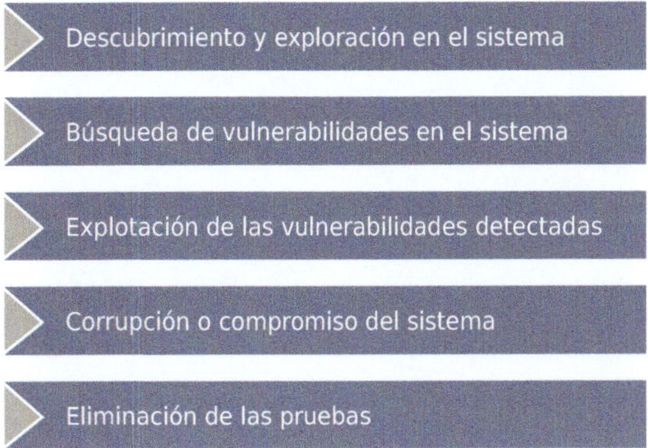

Para evitar que un sistema se vuelva vulnerable o se aprovechen de sus debilidades aparece el concepto de seguridad informática como apéndice de la seguridad de la información, intentando cubrir la necesidad de minimizar el riesgo en favor a una buena prevención y una detección precoz.

Seguridad informática vs. Seguridad de la información

Pero como dicen la mayoría de los expertos, no existe la seguridad informática al 100 %. Un sistema siempre estará en peligro de ser explotado. En este caso, lo más importante es haber definido un buen plan de contingencias para reducir el impacto de las consecuencias en los activos empresariales y recuperar el control lo antes posible.

Ejercicios de autoevaluación
Unidad de Aprendizaje 1

1. ¿Dónde se encuentran las principales debilidades en un sistema informático?

    a. *Hardware* y *software*.
    b. *Hardware, software* y datos.
    c. *Hardware, software*, datos, memoria y usuarios.
    d. *Hardware, software*, datos, memoria y red.

2. ¿Qué grupo es el más peligroso cuando hablamos de ataques informáticos en la red?

    a. *Hackers*
    b. *Lamers*
    c. *Newbie*
    d. Creadores de virus

3. ¿Qué sector registra el mayor número de ataques globales?

    a. Industria militar
    b. Vendedores de *hardware*
    c. Educación
    d. Consultores

4. Señala las opciones correctas.

    a. *Scanning* se trata de obtener información en la primera fase del ataque.
    b. Una forma de hacer *phishing* puede ser enviar correos electrónicos a la víctima para persuadirla de alguna forma.
    c. El *phishing* es una técnica de ingeniería social.
    d. El *sniffing* es lo mismo que *phishing*, pero utilizando la interacción directa con la víctima.

5. Un *rootkit* es...

    a. ... un dispositivo electrónico.
    b. ... un *exploit.*
    c. ... un programa informático que busca obtener privilegios de *root* en el sistema donde se ejecuta.
    d. ... un programa informático que busca bloquear el acceso *root* a todo el que intenta acceder de forma externa.

6. ¿Cuáles son las categorías de *exploit*?

    a. *Exploits* sobre internet y sobre LAN.
    b. *Exploits* conocidos y no conocidos.
    c. *Exploits* activos y pasivos.
    d. *Exploits* sobre internet, sobre LAN, locales y fuera de línea.

7. La fase de explotación de vulnerabilidades en un ataque informático consiste en...

    a. ... buscar vulnerabilidades en el sistema.
    b. ... la búsqueda de información de la víctima.
    c. ... realizar el ataque, utilizando la vulnerabilidad escogida.
    d. ... eliminar el rastro del ataque.

8. ¿Cuál de las siguientes causas pueden originar una vulnerabilidad en un sistema?

    a. Errores de programación.
    b. Instalación de un troyano.
    c. Conectar un disco duro nuevo en el sistema sin apagarlo.
    d. La desconexión del sistema de la red.

9. ¿Para qué sirve la herramienta *nmap*?

    a. Se suele utilizar para control remoto de un sistema.
    b. Se suele utilizar para configurar la red de un sistema.
    c. Se suele utilizar para ganar el acceso de un sistema.
    d. Se suele utilizar para obtener las máquinas que componen una red.

10. La seguridad informática se preocupa de...

    a. ... proteger la red.
    b. ... proteger la información de los sistemas.
    c. ... proteger los documentos impresos de la entidad.
    d. Las opciones a y b son correctas.

Administración de la seguridad en redes

Contenido

1. Introducción
2. Diseño e implantación de políticas de seguridad
3. Resumen

Objetivos

El objetivo general de esta Unidad de Aprendizaje es:

→ Analizar todo lo relacionado con la planificación de seguridad informática de red en la empresa.

Los objetivos específicos de esta Unidad de Aprendizaje son:

→ Conocer en qué situación se encuentra la seguridad informática actual.

→ Aprender a analizar los riesgos sobre la información.

→ Saber diferenciar entre un plan de seguridad y procedimientos de seguridad.

→ Aprender a definir e implantar una política de seguridad de redes.

1. Introducción

La seguridad informática siempre debe buscar que el uso de cada recurso del sistema de información se ajuste a la función para la que se definió, y que cualquier cambio o acceso que se produzca en él solo se lleve a cabo por las personas autorizadas y con los privilegios asignados.

La protección de un sistema informático puede realizarse de forma lógica (con aplicaciones que corrijan las vulnerabilidades), o bien de forma física (con elementos que eviten que se produzcan fallos en el suministro eléctrico o en los anchos de banda).

Un sistema cumple el principio de integridad cuando su información solo es modificable por aquella persona con los permisos adecuados; es confidencial cuando la información solo la pueden leer las personas autorizadas; es irrefutable cuando ningún usuario puede negar la acción que llevó a cabo; y tiene buena disponibilidad cuando es un sistema estable.

Aunque un sistema cumpla todos estos principios, en la mayoría de los ámbitos de la seguridad, lo esencial es el conocimiento que tiene el usuario sobre cómo protegerse de las amenazas, porque esto hará que utilice los recursos de la mejor manera posible para evitar los ataques o accidentes.

En una buena planificación de seguridad informática destaca, por encima de todos, la figura del administrador de redes como persona que debe marcar las pautas a seguir. Podemos decir que es la persona que tiene las llaves y las cerraduras de muchas de las puertas por las que los atacantes pueden llegar a atacar los sistemas. Aunque, también tenemos que aclarar que el hecho de que se produzca un ataque no es 100 % responsabilidad del administrador de redes, es más, en la mayoría de las ocasiones su responsabilidad es 0.

Siguiendo con el planteamiento que Sergio ha definido para la empresa, se va a dedicar a realizar la implantación de las políticas de seguridad informática, ayudando a la empresa a satisfacer las necesidades de prevención que se marcaron en los objetivos principales.

2. Diseño e implantación de políticas de seguridad

👉 HILO CONDUCTOR

Sergio va a explicar cómo funciona la seguridad informática en la actualidad, cuáles son los mecanismos y herramientas de las que dispone el empresario, y cómo definir e implementar las directrices que ayuden a minimizar los riesgos de ataques. Más adelante, elaborará algunas políticas de seguridad que prueben todo lo aprendido de una forma práctica.

Ya hemos visto que los datos y la información son los elementos que más expuestos están a los ataques. Por lo tanto, todos los esfuerzos deberían estar concentrados en protegerlos. Pero para conseguir que la información sea segura debemos garantizar que se cumplen los **principios** de **confidencialidad, integridad y disponibilidad.**

No obstante, adicionalmente a estos tres principios aparecen otros como el de **autenticación** y el **no repudio** que también son importantes para garantizar ciertos aspectos de seguridad de la información que veremos más adelante. A este conjunto de principios se le suele denominar **CIDAN.**

Disponibilidad
- Es la propiedad de la información que tiene que ver con que esté o no a disposición de aquellos elementos que deben acceder a ella, sean personas o sistemas, cuando estos lo requieran.

Integridad
- Es la propiedad de la información que indica que no ha sido modificada o alterada por agentes no autorizados.

Confidencialidad
- Es la propiedad de la información que asegura que esta es solo accesible por aquellas personas o sistemas que poseen la debida autorización.

Continúa en página siguiente >>

<< Viene de página anterior

Autenticación
- Esta propiedad indica que es posible en todo momento identificar al generador de la información, estando completamente seguros de que esa persona fue quien lo generó y envió.

No repudio
- Es la propiedad de la información por la cual el emisor no puede negar que enviará la información y el receptor no puede negar que la recibiera.

2.1. Seguridad informática en la actualidad

En la actualidad, toda organización depende de una red informática. Eso implica que sea el principal objetivo de los atacantes para desplegar todo su arsenal de ataques. Pero, además, la mayoría de los negocios utilizan las redes para dar continuidad a sus modelos productivos y confían toda la eficiencia y rendimiento de la empresa al buen uso de estas.

Por lo tanto, la **falta de medidas de seguridad en las redes** puede provocar un colapso del sistema productivo de la empresa y, consecuentemente, una **disminución de la eficiencia de sus activos.**

La dinámica económica global está experimentando transformaciones significativas. La falta de profesionales cualificados en ciberseguridad, el aumento de la inflación y los desafíos en la cadena de suministro son factores fundamentales que están contribuyendo al alza de los precios y al incremento de los costos empresariales.

En este entorno desafiante, los consumidores finales están revisando sus presupuestos, y los socios del canal, especialmente aquellos que ofrecen servicios gestionados, han estado contemplando ajustes al alza en sus tarifas.

De acuerdo con un informe reciente de Canalys, la ciberseguridad se posiciona como la categoría en la que los clientes muestran menor disposición a reducir gastos, y se espera que continúe siendo una prioridad en la agenda ejecutiva. Canalys proyecta un crecimiento global del 13 % en los productos de ciberseguridad para el año 2023, destacándose una mayor demanda en áreas como seguridad de *endpoints* y redes, así como en análisis de vulnerabilidades y seguridad.

Esto demuestra que cada vez más empresas apuestan por protegerse frente a las oleadas de ataques que se están produciendo y, en vez de disminuir, todo apunta a que en los próximos años se va a intensificar.

2.2. Análisis de riesgos en la red

Si queremos realizar un buen plan de seguridad de redes primero debemos **analizar los riesgos** y **evaluarlos.**

En el análisis de riesgos, se buscan dos objetivos. Por un lado, **identificar los elementos** o componentes que necesitan protección. Y, por otro lado, para cada componente cuáles son las **vulnerabilidades** que presentan y las amenazas que pueden aprovecharse de ellas para poner en peligro todo el sistema.

Existen múltiples planteamientos para realizar un completo análisis de riegos. Nosotros seguiremos una metodología basada en la **clasificación de la información, evaluación de la amenaza** y **determinación de la magnitud del daño.**

ACTIVIDAD COMPLEMENTARIA

6. Busca por internet otros posibles planteamientos para calcular el riesgo y que se utilicen con cierta frecuencia.

Lo primero que se necesita es elaborar un informe donde se describan cómo los flujos de información viajan a nivel **interno** y **externo.** Estos dos aspectos son esenciales porque influyen de forma directa, tanto en la elaboración del análisis de riesgos como en la determinación de las medidas de protección a implementar. El motivo es que solo si conocemos dónde se encuentran los datos y quiénes tienen acceso, podremos determinar si existe un riesgo real o no.

<table>
<tr><td>Identificar y clasificar
el tipo de dato</td><td>Analizar
el flujo que sigue</td></tr>
<tr><td>

- La identificación del dato pasa por determinar su origen, quién lo genera y, sobre todo, qué tipo de dato es, desde el punto de vista de la confidencialidad, es decir, si se trata de una parte de la información pública, privada, sensible o confidencial.

  - **Confidencial** (solo accesible por personas con acceso interno autorizado).
  - **Privado** (solo accesible por personas con acceso interno).
  - **Sensible** (solo accesible por personas con acceso interno y público con permisos).
  - **Público** (accesible por todos).

</td><td>

- Tras la identificación del dato hay que observar y analizar el camino que sigue, sus posibles transformaciones dentro del sistema y su mantenimiento a corto y largo plazo. Haciendo especial hincapié en los agentes que provocan ese flujo de información y todos los que acceden en algún momento a él.

</td></tr>
</table>

 **EJEMPLO**

Cuando subimos un archivo a la web, este pasará a ser gestionado por un proveedor, el cual nos ha ofrecido un determinado servicio. Por lo tanto, el dato ya no nos pertenece solo a nosotros. El problema radica en que muchos de estos proveedores comercializan con los datos que subimos ofreciéndoselos a terceras entidades.

Después de la clasificación de la información debemos analizar qué probabilidad existe de amenaza sobre dicha información. Esta probabilidad depende de muchos factores, pero sobre todo para estimar con la mayor exactitud posible, podemos intentar responder las siguientes preguntas:

👁 EJEMPLO

Imaginemos que en nuestra empresa existe un departamento que se encarga de elaborar maquetaciones de documentos con el fin de garantizar una impresión correcta y de calidad. Si a este departamento se envía un documento PDF con el contenido de un curso que ha sido elaborado por otro departamento encargado del control y la revisión del mismo, y la información viaja por correo electrónico entre los departamentos, se podría dar el caso de que un individuo externo interceptara dicha información y obtuviera el contenido del curso completo.

Desde luego, la información es atractiva para alguien que quiera lucrarse vendiendo el contenido del curso. Al mismo tiempo, al utilizar un sistema de envío por correo electrónico estamos exponiendo el contenido y, por lo tanto, existe una vulnerabilidad. Por último, hemos encontrado en internet que según estudios, el 5 % de la información que se transmite por correo electrónico es interceptada y utilizada en beneficio de terceros.

La conclusión que podemos sacar del ejemplo es que el riesgo existe, y aunque podríamos valorarlo como un riesgo bajo, no deja de ser un riesgo real.

Cuando una amenaza se materializa se produce un ataque, pero el hecho de que se produzca el ataque no nos indica nada sobre si ha cumplido o no su objetivo de dañar o robar información. Solo se puede considerar un ataque con éxito si se llega a violar la **confidencialidad, integridad, disponibilidad o autenticidad de la información.** Cuando esto ocurre se dice que se ha producido un impacto.

Algunos de los **síntomas** que se pueden observar cuando se produce un impacto son:

- **Pérdida de información.** Cuando buscamos cierta información que antes encontrábamos en un recurso, y no se encuentra ni en el lugar donde debería ni en cualquiera de los recursos donde se almacena y gestiona la información de todo el sistema, podemos decir que existe una pérdida de información. Este síntoma demuestra que ha habido un elemento externo que ha provocado la pérdida y, por lo tanto, se ha producido un impacto.
- **La propiedad y permisos.** Cuando la información ha pasado de pertenecer a un usuario o grupo de usuarios con unos privilegios determinados a otro usuario, grupo, o bien se han modificado alguno de esos permisos, y este hecho no ha sido provocado por las personas autorizadas, podemos decir que también se ha producido un impacto.
- **Terceras personas.** Cuando el acceso de la información por parte de las personas autorizadas cambia. Bien porque un elemento o agente estaba autorizado y ya no lo está, o bien si lo estaba y accedía a la información, pero ahora el sistema se lo deniega. En ese caso, también estamos ante la consecuencia indeseada de un impacto.
- **Información no disponible.** Cuando la información ya no está disponible en el lugar que se especificó para ella, y se encuentra en un recurso totalmente diferente o ubicación. Podremos garantizar que se ha producido un impacto si esta acción no ha sido llevada a cabo por ninguno de los agentes con autorización.
- **Información modificada.** Por último, podríamos encontrarnos información que ha sido modificada o manipulada, es decir, siguiendo el flujo de la información y sus transformaciones en el sistema, ninguna de ellas es la causa de esta alteración. En ese caso, volvemos a estar ante un impacto.

NOTA

La magnitud del daño de un impacto es otra variable que debemos calcular para utilizar en el análisis del riesgo.

Determinar la magnitud del daño es muy difícil y, en general, no se suele expresar únicamente de forma cuantitativa, sino también se tiene en cuenta el daño material, emocional y de imagen de la empresa. Al igual que cuando intentábamos medir la posibilidad de una amenaza, medir la magnitud nos lleva a hacernos algunas preguntas:

EJEMPLO

Un empleado del Concello de Cangas, ubicado en Galicia, se vio afectado por un correo electrónico fraudulento, siendo esta la vía mediante la cual un virus ingresó y comprometió la funcionalidad de la mitad de los equipos informáticos. La incidencia repercutió significativamente en la gestión y el procesamiento de los salarios de 229 empleados y personal laboral.

En particular, el virus informático en cuestión fue el *ransomware LockBit 3.0*, que cifró la información almacenada en los discos duros del ayuntamiento. Los pagos pendientes para los empleados municipales ascendieron a una suma superior a medio millón de euros.

Para resolver el **valor del riesgo,** siguiendo nuestro planteamiento inicial, utilizamos la siguiente fórmula matemática:

Riesgo = Probabilidad de amenaza x Magnitud del daño

Esta fórmula nos proporciona un método de comparación entre todos los riesgos que identificamos en el sistema, con lo cual, podemos establecer políticas de seguridad que afecten de forma directa a aquellos con un valor demasiado elevado.

Para representar estas estimaciones en un plan de riesgo se suelen utilizar gráficas, donde el **eje X** representa la probabilidad de amenaza y el **eje Y** la magnitud del daño.

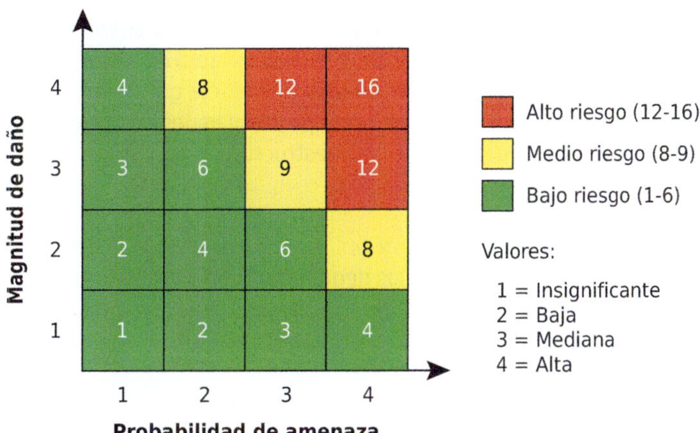

ACTIVIDAD COMPLEMENTARIA

7. Realiza una encuesta *online* a cinco empresas de un sector específico que elijas. La encuesta estará compuesta de tres preguntas:

   - ¿Cuál es el grado de dependencia de su modelo de negocio con la tecnología informática? (ninguno, bajo, medio, alto)
   - ¿Han llevado a cabo algún tipo de análisis del riesgo de la seguridad informática en los últimos dos años?
   - ¿Tienen previsto realizar algún tipo de análisis del riesgo en este año?

 **TAREA 3**

Imagina que te das de alta como autónomo y decides usar tu casa como centro de trabajo. Dispones de un ordenador de trabajo, un servidor con toda la información de la empresa y una red conectada a internet a través de un *router* y un ancho de banda de fibra de unos 50 MB; también dispones de un servicio de copia de seguridad alojado en un *hosting* externo. Tu cartera de clientes cuenta con unos 100 registros y contiene datos relevantes como direcciones, contactos, teléfonos y datos de facturación sobre los productos que le has vendido. Además, cuentas con una página web conectada a una tienda *online* donde tus clientes pueden realizar pedidos. Está claro que tu modelo de negocio depende 100 % del uso de la tecnología y no puedes permitirte que tu servidor esté mucho tiempo inoperativo. Para evitar tener problemas decides realizar un análisis de riesgo que supone el uso de tu infraestructura actual sobre la información y el modelo de negocio.

Identifica y clasifica la información, analiza las amenazas que pueden existir y elabora un posible análisis de los riegos utilizando el planteamiento de este curso.

2.3. Políticas de seguridad

Llevar a cabo un plan de seguridad informática es esencial para una empresa en los tiempos que corren. Los empresarios deben empezar a tomarse en serio que establecer estos mecanismos ayuda a la optimización del modelo de negocio y, sobre todo, a minimizar los imprevistos que surgen cuando se debería estar pensando en temas más productivos para la empresa.

Actualmente, las herramientas de las que disponen las empresas para aplicar los principios de seguridad informática son lo que se conoce como **políticas de seguridad informática.**

Una **política** se puede entender como un conjunto de instrucciones que son elaboradas por la dirección de la empresa, con el fin de determinar una forma de actuar para prevenir posibles situaciones donde se produzca un aumento del riesgo.

SABÍAS QUE...

Una simple impresora de red puede ser un punto débil dentro del sistema. Hoy en día, la mayoría de las impresoras de redes proporcionan servicios de correo electrónico, fax, FTP, etc. Con frecuencia, los atacantes las utilizan como puente o puerta de entrada al resto de la red.

Cada entidad puede establecer un procedimiento propio y diferente para definir una política de seguridad. En cualquier caso, una **política de seguridad** se debe ver como una declaración de intenciones para cubrir la seguridad de un sistema, al mismo tiempo que delimita las responsabilidades para actuar en consecuencia desde el punto de vista técnico y organizativo.

Políticas
- La seguridad informática se compone de políticas de seguridad. Ya hemos visto su definición y que consisten en lista de directrices que debemos seguir para garantizar la seguridad de un aspecto concreto de los procedimientos y usos informáticos.

Planes
- Los planes agrupan los procedimientos por objetivo, prevención, contingencia, etc.

Procedimientos
- Los procedimientos agrupan tareas y operaciones concretas que se realizan para garantizar una parte concreta dentro de una política de seguridad.

Tareas/operaciones
- Las tareas llevan a cabo acciones individuales sobre los sistemas informáticos. Por ejemplo, el hecho de adjuntar un fichero a un correo electrónico. Esta acción simple podría formar parte del procedimiento de control sobre qué adjuntos son o no permitidos para el envío de correo electrónico.

Continúa en página siguiente >>

<< Viene de página anterior

Registros/evidencia
- Las tareas y acciones conllevan, en muchas ocasiones, el registro de la evidencia para aspectos relacionados con el seguimiento y control de la política de seguridad. Por ejemplo, si hemos creado un pedido para un sistema de producción, debe quedar reflejado de alguna forma, quién generó el pedido y cuándo.

NOTA

Una política de seguridad será implementada por procedimientos que estarán compuestos de tareas u operaciones que deben llevar a cabo los grupos a los que se refiera la política. Las tareas pueden generar registros y evidencias para facilitar la retroalimentación, seguimiento y supervisión del funcionamiento de la política.

Además de describir las actividades o actuaciones que se tienen que realizar en el sistema, los procedimientos deben especificar el momento y lugar donde se van a desplegar, quiénes serán los responsables de ejecutarlos y cuáles serán los mecanismos de control para su supervisión.

 EJEMPLO

La planificación de las tareas administrativas y de sus responsables, la administración de las cuentas de usuario y de los controles de acceso a los recursos, la

Continúa en página siguiente >>

<< Viene de página anterior

realización y supervisión de las copias de seguridad, etc. Todas estas ellas se consideran procedimientos.

También son considerados como tales los procedimientos de seguridad que consisten en la instalación, configuración y mantenimiento de elementos activos para la seguridad como cortafuegos *(firewalls)*, servidores *proxy*, antivirus o sistemas de Detección de Intrusiones (IDS).

Requisitos

Independientemente de la forma de definir una política, siempre se espera de ella su carácter de prevención y protección. Entre las múltiples características, una política debe cumplir cada uno de los siguientes **requisitos:**

- **Implantadas por procedimientos.** Deben ser implantadas mediante procedimientos administrativos y publicaciones de directrices a seguir para un uso aceptable del sistema por todos los integrantes de la empresa. Si lo requiere, debe especificar la instalación, configuración y mantenimiento de las herramientas, *software* y *hardware,* necesarias.
- **Definir responsabilidades.** Deben especificar cuáles serán las responsabilidades en el uso de la política por parte de todo el personal con acceso al sistema: técnicos, dirección, etc.
- **Cumplir leyes.** Deben cumplir las leyes en materia de seguridad informática, LOPD, código penal, etc.
- **En continua revisión.** Deben estar en continua revisión para adaptarlas a los procesos y procedimientos cambiantes en el modelo de negocio.
- **Defensa en profundidad.** Deben estar definidas pensando en el principio de "defensa en profundidad". Es decir, definición e implantación en varias capas de seguridad. Esto permite que si un nivel falla, se sigue preservando la seguridad del sistema, sostenido para las demás capas.
- **Asignación de mínimos privilegios.** Todos los elementos activos o pasivos del sistema deben tener asignados los mínimos privilegios para el correcto funcionamiento de todos los recursos que componen el sistema. De esta forma, deben eliminarse aquellos servicios o aplicaciones que no sean completamente necesarios.
- **Configuración robusta.** La configuración del sistema debe ser robusta ante cualquier fallo. En caso de fallo, el sistema debe encontrarse en todo momento en un estado seguro y cerrado.
- **Adaptada solo a la organización.** Deben estar adaptadas y pensadas para cubrir todas las necesidades de la organización, nunca deben

hacerlo únicamente para cubrir la necesidad de un tercero: cliente, Administración pública, etc.

 ## ACTIVIDAD COMPLEMENTARIA

8. Busca en internet qué leyes debe cumplir una política de seguridad informática desde el punto de vista de la privacidad de los datos.

Problemas

Sin embargo, tras la definición de las políticas de seguridad toca implantarlas. Y, aunque este hecho pueda parecer monótono y automático, en la mayoría de las ocasiones no lo es y aparecen ciertos problemas que pueden afectar incluso a la estructura organizativa de la empresa.

Definición

El documento donde se define una política de seguridad tiene que satisfacer los siguientes puntos:

Alcance
- Se deben especificar bajo este apartado todos los recursos, instalaciones y procesos sobre los que se aplica la política de seguridad.

Objetivo
- Objetivo para el que se define y prioridades en la seguridad.

Compromiso
- Como de comprometida debe estar el personal directivo con la ejecución y mantenimiento de la política de seguridad.

Continúa en página siguiente >>

<< Viene de página anterior

Clasificar
- Qué información debe proteger y cómo se clasifica, así como los activos que debe proteger.

Agentes
- Qué elementos y agentes se encargarán de implementar la política de seguridad.

Responsabilidades
- La responsabilidad de cada nivel organizativo con respecto al uso de la política de seguridad.

Normas legales
- Medidas, normas y procedimientos que implementarán la política de seguridad.

Uso correcto/uso indebido
- Especificación de qué comportamientos estarán permitido y cuáles no por parte del personal.

Plan de contingencias
- Definir el plan de contingencia por si fallan los métodos preventivos.

Consecuencias
- Definir las consecuencias que se derivan del cumplimiento de la política de seguridad.

ACTIVIDAD COMPLEMENTARIA

9. Busca en internet 5 tipos de políticas de seguridad de red.

Ejemplo de política de seguridad del correo electrónico

A continuación, vamos a ver un **ejemplo real de política de seguridad** para el uso del correo electrónico en una empresa:

- **Alcance.** Esta política se aplicará a todo el personal de la empresa: técnicos, directivos, comerciales, etc.
- **Objetivo.** El objetivo de la política de seguridad para el uso del correo electrónico es, por un lado para prevenir el mal uso de los servicios tecnológicos cuando estos involucran el envío de información sensible o confidencial y, por otro lado, para concienciar a los empleados de la empresa que existe un riesgo real al que hay que prestarle atención.
- **Definiciones:**

  - *Hardware:* componente material del sistema.
  - Usuario: persona que utiliza el servicio de información diariamente en la empresa.
  - *Spam:* correo que se recibe y cuyo contenido no está relacionado con las tareas o funciones que se desempeñan.
  - *Software:* conjunto de programas instalados y configurados en un componente físico como un ordenador.
  - Sistema de información: sistema que gestiona y maneja toda la información que la empresa pone a disposición del modelo de negocio.

- **Marco legal.** Manual 2.1 de seguridad de redes que implementa las estrategias de gobierno de ámbito nacional.
- **Acceso.** Se concede acceso a los servicios de correo electrónico a todo el personal de la empresa. Los privilegios de acceso incluyen la escritura, edición, recepción y almacenamiento de los mensajes de texto y sus adjuntos. Además, se adoptarán las siguientes directrices:

  - Los privilegios serán concedidos y revocados por la dirección general o por los encargados de departamento, en cualquier momento y sobre cualquier empleado.
  - El registro del correo electrónico debe ser realizado por el equipo técnico, previa solicitud a la dirección.
  - Las credenciales asignadas a cada empleado serán secretas y, en caso de extravío, este deberá notificarlo lo antes posible al equipo técnico.
  - El tiempo máximo de inactividad de una cuenta para que proceda a su desactivación será de 30 días.

⮑ Uso apropiado:

- El correo electrónico solo puede ser utilizado en la empresa y exclusivamente para fines laborales.
- Los mensajes enviados no contendrán expresiones ofensivas, obscenas, vulgares, racistas, etc.
- Todos los mensajes se enviarán sin copia oculta a sus destinatarios.

⮑ Uso indebido:

- Cualquier intento de acceso a otra cuenta de correo será considerada como falta grave.
- Descargar adjuntos que puedan ser considerados de dudoso origen.
- Hacer pública la información que transmiten.
- Reenviar contenido sin autorización expresa del remitente original.
- Enviar o reenviar correos *spam*.
- Utilizar el correo con fines personales.
- Suplantar la identidad del remitente.

⮑ Aspectos técnicos:

- La capacidad del buzón de cada empleado será de 200 MB.
- Si se supera la capacidad máxima, los mensajes seguirán alojados en el servidor de entrada pero no podrán ser descargados en el equipo del usuario hasta que no libere recursos.
- El tamaño máximo para cada mensaje será de 10 MB.
- El número máximo de destinatarios en los campos CC será de 4.
- No se podrán distribuir listas de direcciones sin autorización de sus componentes.
- Es necesario comprimir todos los archivos antes del envío.
- Se utilizarán políticas de filtrado para el correo.
- Un adjunto se borrará cuando se identifique como peligroso o de dudoso origen.

⮑ Responsabilidades del grupo técnico:

- El equipo técnico será el responsable de mantener esta política de seguridad para el uso del correo electrónico en cada puesto informático.
- Debe garantizar la disponibilidad del servicio en todo momento, e informar al usuario cuando no pueda disponer de él.
- Gestionar el servicio de correo electrónico en base a las pautas marcadas por dirección en cuestiones de acceso y mantenimiento.

○ **Responsabilidades de los usuarios:**

- Todo empleado debe acatar las directrices de esta política y será responsable del incumplimiento de las mismas.
- Es también responsabilidad suya el uso correcto de las credenciales asignadas en el alta de la cuenta.
- Es responsable de la cuota de almacenamiento disponible en todo momento para la descarga de su correo. Debe gestionarla para evitar problemas de mantenimiento derivados del exceso de correo almacenado.

○ **Sanciones.** El uso inapropiado o incumplimiento de alguna de estas directrices podrá ocasionar la desactivación temporal o permanente de la cuenta, además de una posible sanción económica.

 **TAREA 4**

En nuestra empresa se ha incorporado un nuevo grupo de trabajo especializado en tareas de *marketing* y comercio. Dispondrá de una infraestructura con acceso total a los sistemas de información, con datos relevantes sobre clientes y productos. Además, el propio departamento compartirá entre sus componentes, un dispositivo de almacenamiento en red donde almacenará información relevante para sus tareas.

Nos han encargado elaborar una política de seguridad de red que permita garantizar la seguridad de la información que almacena este dispositivo y cualquiera que se conecte a la red. Define el tipo de política de seguridad adecuado y explica cómo llevarías a cabo los procedimientos de seguridad para su implantación en el departamento.

3. Resumen

En la parte introductoria de esta unidad de aprendizaje hemos visto cuáles deben ser los principales objetivos de la seguridad informática, por qué es tan necesaria en el presente y cómo se prevé el futuro.

Proteger es el concepto clave de la seguridad. Y en el caso de la seguridad informática, sus esfuerzos se centrarán en proteger la **confidencialidad, integridad y disponibilidad.**

A continuación, hemos aprendido que las políticas de seguridad informática son los elementos que constituyen un buen plan de seguridad. Ni que decir tiene, que solo podremos llegar a definirlas si realizamos un correcto y completo análisis de riesgos.

Ese análisis de riesgos es la llave para entender en qué situación se encuentra la empresa en términos de seguridad y nos ayudará a replantear un escenario donde priorizar los procedimientos que necesita implantar.

Ejercicios de autoevaluación
Unidad de Aprendizaje 2

1. ¿Cuáles son los principios que rigen la seguridad de la información?

    a. Disponibilidad, integridad, confidenciabilidad, autentico y repudio.
    b. Disponibilidad, confidenciabilidad, autentico y repudio.
    c. Disponibilidad, integridad, confidenciabilidad, autenticación y no repudio.
    d. Integridad, confidenciabilidad, autenticación y no repudio.

2. ¿Cuánto creció la inversión en ciberseguridad en 2023?

    a. Menos del 10 %
    b. Un 20 %
    c. Más del 50 %
    d. Entre el 10 y el 15 %

3. ¿En qué etapas se divide el análisis y clasificación de la información?

    a. Identificar el flujo de la información y analizar sus transformaciones.
    b. Identificar y clasificar el tipo de dato, y analizar el flujo que sigue.
    c. Clasificar el riesgo y analizar el flujo que sigue.
    d. Clasificar los permisos de la información.

4. Determina si la siguiente oración es verdadera o falsa: "El riesgo no se define en función de la magnitud del daño de una amenaza".

    ■ Verdadero
    ■ Falso

5. La política de seguridad es ...

a. ... incompatible con algunos modelos de negocio.
b. ... un conjunto de instrucciones que son elaboradas con el fin de actuar sobre un aspecto particular para minimizar el riesgo de amenaza.
c. ... un conjunto de planes.
d. ... un conjunto de mecanismos para optimizar el modelo de negocio.

6. La política de seguridad se compone de:

a. Planes, procedimientos, tareas, registros.
b. Planes y procesos.
c. Procesos y registros.
d. Planes, procedimientos, tareas, registros, acciones.

7. Una política define _______ y un procedimiento define _______ .

a. el qué/el cómo
b. el qué/el cuándo
c. algo/nada
d. acciones/procesos

8. Determina si la siguiente oración es verdadera o falsa: "Una política de seguridad correcta debe estar adaptada solo a la organización".

■ Verdadero
■ Falso

9. ¿Para qué sirve un plan de contingencia?

a. Sirve para conocer mejor los tipos de amenazas a los que nos enfrentamos.
b. Sirve para clasificar la información.
c. Sirve para prevenir amenazas a los sistemas de información.
d. Sirve para concretar la secuencia de acciones que hay que llevar a cabo si se produce un ataque informático.

10. **Determina si la siguiente oración es verdadera o falsa: "Cuando se define una política de seguridad, el alcance especifica todos los recursos, instalaciones y procesos sobre los que se aplica dicha política de seguridad".**

    - ■ Verdadero
    - ■ Falso

Tecnologías criptográficas

Contenido

1. Introducción
2. Encriptación simétrica
3. Encriptación asimétrica
4. Firmas digitales
5. Certificados digitales
6. SSL/TLS. La herramienta de encriptación multiusos
7. Navegación segura: HTTPS
8. Resumen

Objetivos

El objetivo general de esta Unidad de Aprendizaje es:

→ Conocer las bases de las técnicas criptográficas más importantes de hoy y su utilidad en la vida real.

Los objetivos específicos de esta Unidad de Aprendizaje son:

→ Conocer cómo funcionan las principales técnicas de encriptación.

→ Saber relacionar los procedimientos de firma digital y certificado digital con las técnicas de encriptación correctas.

→ Aprender a identificar que se está navegando por internet de forma segura.

1. Introducción

Durante los últimos años, el mundo ha experimentado un *boom* de las comunicaciones. La privacidad de los usuarios en internet ha disminuido, y esto ha provocado que aparezcan movimientos a favor de establecer los límites para garantizar un mínimo de seguridad y privacidad.

Los mecanismos y funciones que permiten contrarrestar esta falta de seguridad provienen de la propia informática. Las técnicas criptográficas se han utilizado desde hace mucho tiempo y ahora se popularizan para aplicarlas en la lucha contra miles de entes que buscan obtener, así como destruir información que no les pertenece.

El cifrado de la información consiste en transformar un mensaje antes de transmitirlo mediante algoritmos de forma que el contenido pueda asegurarse. Así, cualquier persona que tenga acceso al mensaje será incapaz de leerlo.

El valor de la información está en su contenido y la seguridad informática debe protegerlo. Si queremos que nuestro sistema sea seguro y esté libre de amenazas debemos asegurar la privacidad de la información.

Sergio va a explicar a sus clientes por qué y cómo la información debe ser transformada para enviarla con ciertas garantías de que, si cae en manos de otra persona, no pueda utilizarla en su propio beneficio.

2. Encriptación simétrica

 **HILO CONDUCTOR**

Sergio va a explicar uno de los mecanismos más simples que existen, y en los que se basa algunas otras técnicas más complejas para garantizar esa privacidad de los datos tan necesaria en los tiempos que corren.

El objetivo de la criptografía es cumplir con los principios de seguridad de la información que ya hemos visto en unidades anteriores:

Gracias a los sistemas informáticos y los componentes electrónicos, la **encriptación es algo muy común, accesible y rápida** que permite asegurar grandes cantidades de información sin esfuerzo y de una manera totalmente transparente para los usuarios que intervienen en la comunicación. Por ejemplo, la estamos usando cada vez que navegamos a una página web desde nuestro navegador.

DEFINICIÓN

Criptografía

Término derivado del griego formado por los axiomas *criptos* (oculto) y *grafé* (escritura), es el conjunto de técnicas que se utilizan para el cifrado o codificado de la información, de forma que el mensaje que se quiere transmitir se pueda hacer a través de un medio compartido y si, en algún caso, alguien lo llegara a interceptar sin autorización no sería capaz de averiguar su contenido real.

SABÍAS QUE...

Fueron los egipcios los primeros en utilizar un sistema de encriptación. Su sistema se basaba en los famosos jeroglíficos, pero no para mantener comunicaciones secretas, sino para conseguir cierto grado de misterio e intriga, e incluso diversión.

Un **sistema de codificación simétrico** se basa en la idea de utilizar una clave, denominada clave simétrica, para cifrar y descifrar la información. Es decir, el usuario emisor cifraría (**encriptación**) la información que quiere transmitir usando esa clave, después el mensaje cifrado viajaría hasta el usuario receptor, este utilizando la misma clave del emisor descifraría (**desencriptación**) el mensaje y obtendría el contenido real.

**Procesos que se pueden llevar a cabo sobre la
información cuando se dispone de una clave simétrica**

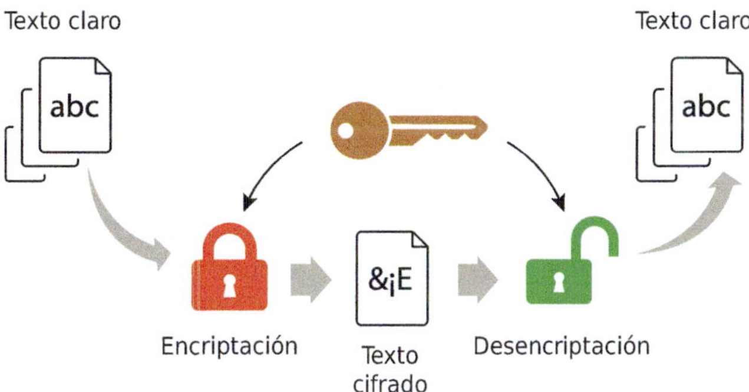

 **EJEMPLO**

Imagina que dos personas quieren realizar un intercambio de información y, para ello, van a ser uso de una técnica de cifrado simétrico. El mensaje que el usuario A quiere transmitir al usuario B es el siguiente:

Mensaje: Hola, mi nombre es Sergio. ¿Y el tuyo?

Tanto el usuario A como el usuario B van a utilizar como clave para el cifrado y descifrado la palabra MURCIELAGO.

M	U	R	C	I	E	L	A	G	O
0	1	2	4	5	6	7	8	9	10

1. El emisor cifrará la información obteniendo:

   Mensaje cifrado: H1078 05 N100B36 6S S639510 ¿Y 67 T1Y10?

2. Enviará el mensaje cifrado al usuario B.
3. El usuario B descifrará el mensaje utilizando la misma clave, y obtendrá el mensaje original:

   Mensaje descifrado: Hola, mi nombre es Sergio. ¿Y el tuyo?

SABÍAS QUE...

La autenticación de las tarjetas SIM de nuestros móviles utilizan la encriptación simétrica. ¿Cómo sabe nuestro teléfono cuál es nuestro número, aunque cambiemos la tarjeta SIM?

Las tarjetas SIM contienen un identificador y una clave. Estos valores se encuentran almacenados en los servidores de nuestra operadora. De forma que, cuando encendemos el móvil, este envía un mensaje con el identificador a la operadora. Esta recibe la petición y genera un número aleatorio que nos devuelve. Cuando llega el número al móvil, este usa la clave (simétrica) para cifrarlo y devuelve el resultado a la operadora. Cuando la operadora lo recibe, aplica el mismo algoritmo y con la misma clave al número que envío y su resultado lo compara con el que ha recibido del usuario. Si ambos son el mismo valor, la operadora confirma que somos los dueños de ese identificador y da acceso a la red.

ACTIVIDAD COMPLEMENTARIA

10. Busca en internet otros ejemplos cotidianos que utilizan este tipo de encriptación. ¿Por qué se utiliza este tipo de encriptación y no otra en los casos que habéis encontrado?

Sin embargo, estas técnicas no son perfectas y el uso de ellas también tiene algunas **desventajas** que debemos conocer.

Distribución de claves
- El uso de la encriptación simétrica asume qué emisor y receptor deben conocer previamente la clave, por lo que el mayor problema radica en cómo distribuir la clave a todos los participantes de la comunicación. Debe ser a través de un medio compartido y eso siempre implica un riesgo.

Continúa en página siguiente >>

<< Viene de página anterior

Número de claves
- Para cada par de elementos que intervienen en una comunicación se genera una clave distinta. Por lo tanto, si el número de participantes en una comunicación aumenta considerablemente lo hará también el número de claves. En este caso, es necesario un sistema de almacenamiento y gestión de todas esas claves que sea seguro y eficiente.

Ataque por fuerza bruta
- Los algoritmos que usan este tipo de encriptación son vulnerables a un ataque por fuerza bruta, que consiste en que un programa informático está continuamente ejecutando y probando claves (probando todas las combinaciones posibles de caracteres) hasta dar con la que descifra la información.

En cualquier caso, se puede observar claramente que la seguridad de este tipo de encriptación siempre depende de algún aspecto relacionado con el uso de la **clave simétrica.**

Posible suplantación de identidad utilizando clave simétrica

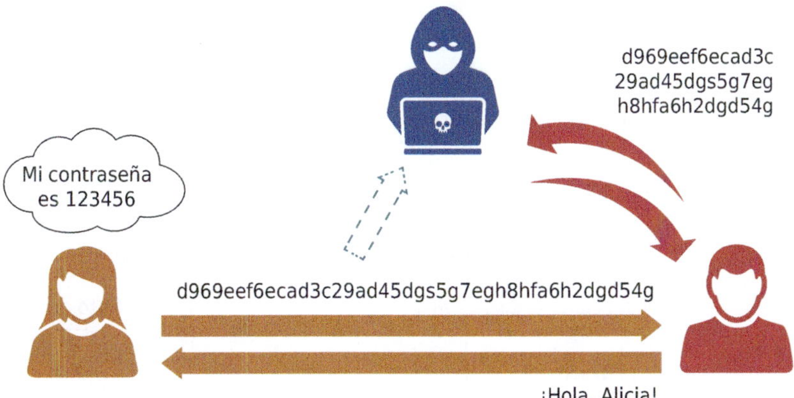

3. Encriptación asimétrica

👉 HILO CONDUCTOR

Sergio, al percatarse de las desventajas de la técnica de encriptación simétrica, busca nuevas alternativas para el cifrado de los mensajes, ya que no puede confiar en que la clave no llegue a manos de quien no debe. Estudiando las diferentes técnicas encuentra una variación de la encriptación muy conocida también: la encriptación asimétrica.

En la **encriptación asimétrica** ya no se usa una sola clave para el cifrado/descifrado, se utilizan dos claves diferentes, una denominada clave pública, la cual podrá conocer cualquier persona, y otra denominada clave privada, que se almacenará para que nadie tenga acceso a ella.

En este caso, la comunicación entre un usuario A (emisor) y un usuario B (receptor) debe realizarse mediante un par de pares de claves. Si el usuario A quiere hacer llegar un mensaje al usuario B, el usuario A debe conocer la clave pública del usuario B, con esta clave cifrará el mensaje a transmitir, lo enviará y, una vez que llegue al usuario B, este podrá descifrarlo con su clave privada. La clave pública no permitirá nunca descifrar el mensaje con lo que, aunque todo el mundo la conozca, no podrá acceder a la información real que se transmite.

Operaciones sobre el mensaje que se realizan con las claves públicas (compartida) y privadas

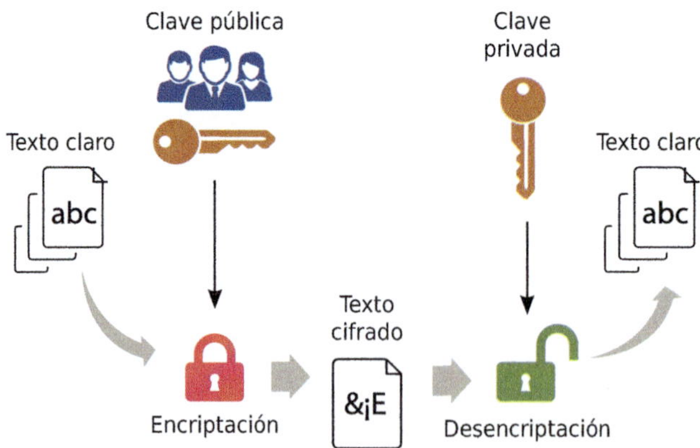

NOTA

Si es el usuario B el que quiere iniciar la comunicación, necesitará la clave pública del usuario A para transmitir la información. Es decir, no le vale con su clave pública ni privada.

En la actualidad, los **algoritmos de encriptación asimétricos se basan en seleccionar dos números primos,** calcular su producto y factorizar. La clave pública está compuesta de dos números primos muy grandes, que se utilizarán en el cifrado. Mientras que la clave privada estará compuesta de uno de los dos factores será capaz de descifrar el mensaje:

1. Seleccionar dos números primos, $p = 17$ y $a = 11$
2. Calcular $n = pq = 17 \times 11 = 187$
3. Calcular $\Phi(n) = (p\text{-}1)\,(q\text{-}1) = 16 \times 10 = 160$
4. Seleccionar e tal que sea primo relativo de $\Phi(n) = 160$ y menor a $\Phi(n)$; $e = 7$
5. Determinar d tal que $de\ mod\ 160 = 1$ y $d < 160$. El valor es $d = 23$, porque $23 \times 7 = 161 = 10 \times 160 + 1$

El **resultado final** serán dos números para la clave pública (KU) y dos números para la clave privada (KR):

$$KU = \{e, n\} = \{7, 187\}$$

$$KR = \{d, n\} = \{23, 187\}$$

Tanto el emisor como el receptor deben conocer los valores de n y e, mientras que solo el receptor debe conocer el valor de d.

Operaciones matemáticas que se llevan a cabo para cifrar y descifrar el mensaje

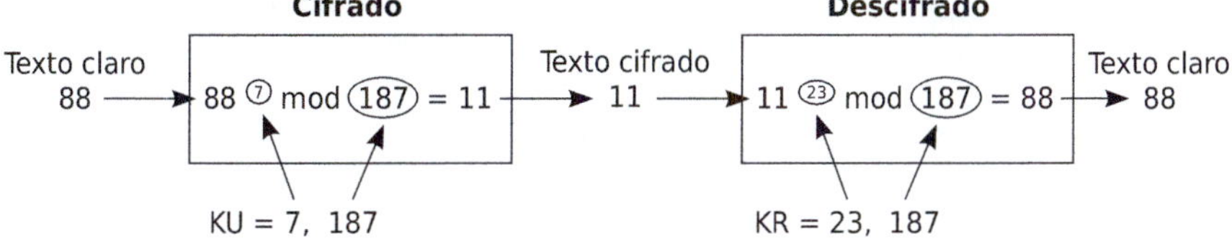

Por un lado, la **encriptación asimétrica** resuelve los problemas de la **encriptación simétrica.** Sin embargo, introduce algunos otros inconvenientes:

Poco eficientes	Transporte de la clave privada
- El cifrado y descifrado asimétrico es más lento que el simétrico. Principalmente porque se utilizan claves más largas y los cálculos de los algoritmos son más complejos. Pero esto es necesario para que un atacante tenga más difícil acceder a la información. Además, el mensaje cifrado se vuelve más pesado que el original.	- La distribución de la clave privada debe ser a través de un medio no compartido para evitar que alguien pueda interceptarla.

En resumen, cada técnica tiene sus **ventajas** e **inconvenientes** y el uso de una no excluye el uso de la otra. Aprenderemos más adelante que, en general, la mayoría de las técnicas de seguridad de la información utilizan tanto una como otra.

Tabla comparativa de los dos tipos de algoritmos de encriptación

Atributo	Clave simétrica	Clave asimétrica
Años en uso	Miles	Menos de 50
Velocidad	Rápida	Lenta
Uso principal	Cifrado de grandes volúmenes de datos	Intercambio de claves y firma digital
Claves	Compartidas entre emisor y receptor	Privada: solo conocida por 1 persona Pública: conocida por todos
Intercambio de claves	Difícil de intercambiar por un canal inseguro	La clave pública se comparte por cualquier canal. La privada nunca se comparte
Longitud de claves	56 bits (vulnerables) 256 bits (seguro)	1024 bits (mínimo de seguridad)
Algoritmos	DES, 3DES, *Blowfish*, IDEA, AES	*Diffie-Hellman*, RSA, DSA

Continúa en página siguiente >>

<< *Viene de página anterior*

Tabla comparativa de los dos tipos de algoritmos de encriptación		
Servicios de seguridad	Confidencialidad Integridad Autenticación	Confidencialidad Integridad Autenticación No repudio

ACTIVIDAD COMPLEMENTARIA

11. ¿A qué es debido que un algoritmo asimétrico sea más lento que un algoritmo simétrico?

TAREA 5

Ha surgido un incidente infectocontagioso en una planta de un hospital y nos piden como informáticos que se cifren las comunicaciones para que nadie pueda interceptarlas y evitar que cunda el pánico. Vamos a proceder a codificar el siguiente mensaje que se enviará al centro de control de enfermedades infectocontagiosas. Utiliza los mecanismos de encriptación simétrica y asimétrica que has visto hasta ahora. Para ello, la clave simétrica que debes utilizar es MURCIELAGO. Para generar la clave asimétrica utiliza los dos números primos: 13 y 31.

TEXTO: El virus H1N1 es un tipo de virus que se transmite por el contacto de la saliva, del aire o al ingerir algún producto de origen animal que haya estado en contacto o haya sido portador de este virus.

Ten en cuenta que deberás identificar cada carácter del texto con un valor numérico antes de aplicar el algoritmo de encriptación asimétrica.

Como hemos visto, el problema principal de la **encriptación simétrica es que es un sistema poco seguro,** mientras que el de la **encriptación asimétrica es que es demasiado lento.** En la actualidad, se suelen utilizar de forma complementaria para construir un sistema seguro y rápido. En concreto, el cifrado de clave asimétrica se suele utilizar para transmitir y compartir claves simétricas. En cada mensaje, la clave simétrica cambia con respecto a los mensajes anteriores.

GnuPGP es un ejemplo de herramienta que utiliza la combinación de los dos sistemas para aprovecharse de las ventajas de cada una.

Clave pública cifra
- La clave pública del algoritmo asimétrico cifra la clave simétrica elegida para codificar el contenido del mensaje.

Se cifra el contenido del mensaje
- El contenido del mensaje se cifra con la clave simétrica, utilizando este tipo encriptación, ya que es mucho más rápido que la encriptación asimétrica.

Envía clave+texto
- El emisor envía la clave cifrada junto al contenido cifrado del texto al receptor.

Clave privada descifra la clave cifrada
- El receptor utiliza su clave privada para descifrar la clave simétrica que ha viajado cifrada.

La clave simétrica descifra el texto
- Con esa clave simétrica, el receptor descifra el contenido del mensaje.

Ejemplo de combinación de claves simétricas y asimétricas

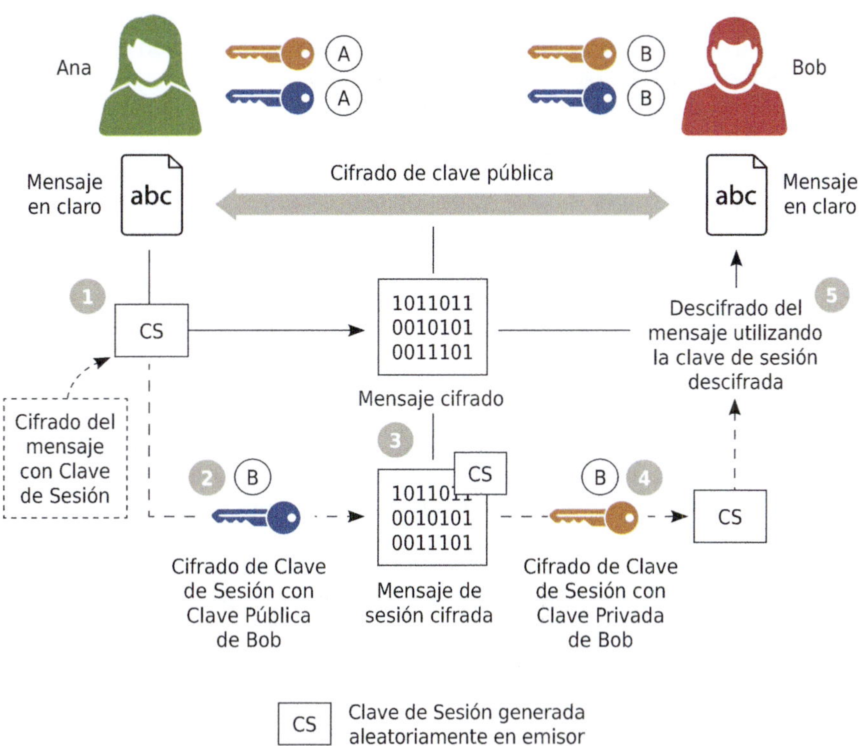

4. Firmas digitales

☞ **HILO CONDUCTOR**

En la empresa donde trabaja Sergio quieren establecer un mecanismo que sirva para identificar a cada persona que accede a su sistema de información, de forma que se pueda garantizar que la persona que ha entrado en el sistema es quien dice ser. Sergio, tras pensar un poco, se decanta por utilizar el concepto de firma digital. Hablará con la dirección de la empresa y solicitará que cada usuario que necesite acceso al sistema deberá utiliza una firma digital propia.

La **firma digital** es un mecanismo o técnica que permite al receptor del mensaje confiar plenamente en que la persona que emite el mensaje es quien dice ser. Por lo tanto, **no es un sistema de encriptación propiamente dicho,** sino más bien una técnica que hace uso de la encriptación para asegurar que se cumplen los principios de autenticación y no repudio.

Esta técnica proporciona la herramienta para detectar falsificaciones de documentos electrónicos o manipulación del contenido por parte de terceros. Sería, desde el punto de vista tradicional, equivalente a la firma manuscrita.

 **EJEMPLO**

Imagina que un músico desea registrar su canción antes de lanzarla al mercado. Para ello, necesita subir su partitura a la plataforma de SGAE. Para demostrar que es el autor intelectual de dicha canción, debe firmar digitalmente el documento pdf de la partitura. Si no lo hiciera y alguien interceptara el documento, podría firmarlo en su nombre y enviarlo a la SGAE. Una vez que el documento llega a la SGAE con la firma digital del músico, nadie puede negar que es el dueño intelectual del documento, por eso es necesario utilizar siempre este sistema si queremos identificarnos.

Para conseguir el propósito de la firma digital, el emisor obtiene un valor de *hash* del texto que se desea transmitir. Utilizando la clave privada del emisor, se codifica el valor *hash* que representa la información contenida en el mensaje. Y se envía junto al mensaje y la clave pública. Cuando el mensaje llega al receptor, este obtiene la firma y con la clave pública lo descifra. Después calcula el *hash* del documento y si coincide con el obtenido al descifrar la firma entonces estaremos seguros de que la persona que los firmó es quien dice ser. Y esto es así, porque solamente existe una persona que posee la clave privada.

Proceso de firma y verificación cuando se envía en un documento

DEFINICIÓN

Hash

Es un algoritmo matemático que transforma un bloque de información en una serie de caracteres de longitud fija, de forma que siempre ocupará el mismo número bytes y resumirá el contenido del mensaje. Hallar dos textos con el mismo hash no es imposible, pero altamente improbable, por lo que se suele utilizar para validar que el contenido de un texto no ha cambiado en su transmisión.

ACTIVIDAD COMPLEMENTARIA

12. Busca en internet algunos tipos de funciones *hash* y en qué consisten.

 **EJEMPLO**

CASO 1

Alice envía un mensaje amenazante a Bob, y quiere asegurarse de que sabe quién se lo envía, así que firma el mensaje primero y luego lo cifra con la clave pública de Bob para que solo él pueda abrirlo.

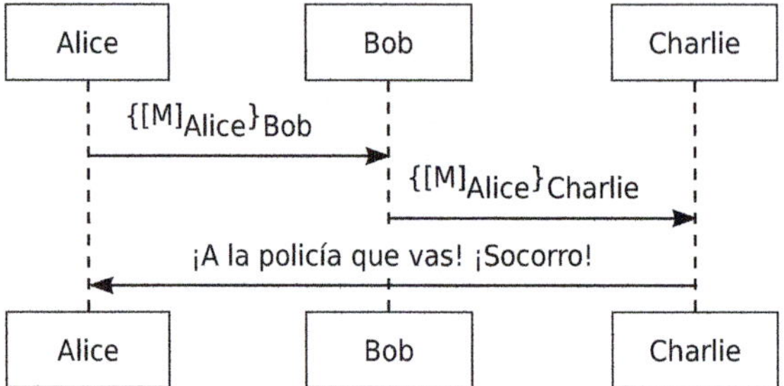

Bob, al percatarse del mensaje, decide jugársela a Alice aprovechando la forma en que Alice ha cifrado el mensaje. Bob descifra con su clave privada el mensaje obteniendo $[M]_{Alice}$ y lo vuelve a cifrar con la clave de Charlie para luego enviárselo. Charlie lo descifra y descubre la amenaza de Alice, por lo que entra en pánico.

CASO 2

Vamos a poner otro ejemplo con la situación contraria. Alice tiene una idea genial y se la quiere transmitir a su jefe Bob, así que la cifra con la clave pública de su jefe y luego la firma con su clave privada.

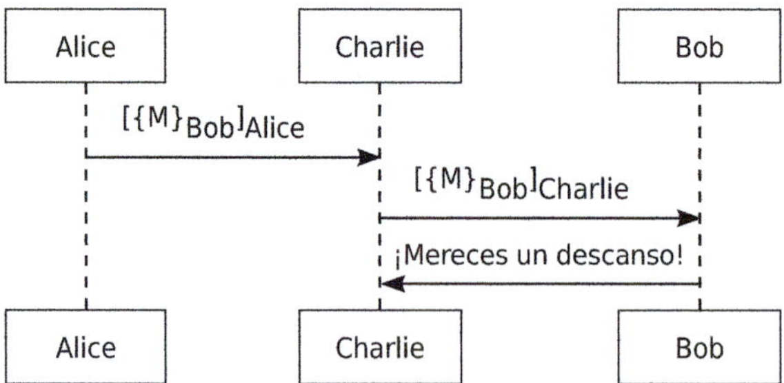

Continúa en página siguiente >>

<< Viene de página anterior

Charlie, su compañero de trabajo, ha interceptado el mensaje, lo ha descifrado con la clave pública de Alice y lo ha firmado con su clave privada, apropiándose de la idea de Alice y enviándosela a Bob, el jefe. El jefe felicita a Charlie y Alice llora.

¿Y ahora? ¿Ambas situaciones son malas? Hay que hacer algunas aclaraciones. En el **primer ejemplo** Charlie cree que Alice le ha enviado el mensaje. Realmente lo único que sabe es que Alice ha firmado ese mensaje en algún momento. Las claves públicas son públicas, puede haberlo enviado cualquiera.

En el segundo ejemplo, Bob asume que Charlie ha cifrado el mensaje con la clave pública de Bob. Es cierto que Charlie lo firmó, pero no implica que el mensaje lo cifrara él o incluso que supiera lo que contenía el mensaje.

Aun así, se puede concluir que el uso más apropiado es el del segundo ejemplo, aunque en el mundo real se aplican otras medidas adicionales.

El uso de la **firma digital** garantiza un aumento considerable de la seguridad en todas las transacciones que se realizan sin necesidad de una presencia física, promueven la celeridad y el ahorro de costos.

Sin embargo, aparecen algunas **desventajas** como la necesidad de que alguien verifique de cierta forma que la firma del documento se lleva a cabo con garantías de seguridad en el entorno del usuario que firma el documento.

Necesita autoridad certificadora	No cumple el principio de confidencialidad
- Debido principalmente a que es fácil preparar un entorno para emitir firmas digitales, no es un mecanismo seguro en sí mismo, ya que, en principio, que un documento vaya firmado no garantiza que la persona que lo hizo sea la propietaria de los datos firmados. Por esta razón, es necesario un tercer elemento que garantice que el dueño de la firma es quien dice ser. Estos agentes se conocen como entidades certificadoras.	- El uso de la firma digital es un mecanismo o que en sí mismo no cumple el principio de confidencialidad, ya que el hecho de firmar un documento no evita que alguien pueda leer su contenido. Estamos hablando de que sabemos que el documento es de cierta persona, pero no se prohíbe de ninguna manera su visualización.

5. Certificados digitales

👉 HILO CONDUCTOR

La empresa de Sergio necesita realizar múltiples transacciones en la Administración pública y, ante la imposibilidad de realizarlas en persona, la dirección ha pedido a Sergio que resuelva el problema telemáticamente. Sergio explica a la dirección que lo que se necesita para realizar todos los trámites es un certificado digital de la propia empresa.

La **firma digital** resuelve el problema de la identificación de personas sobre documentos, pero existe el problema que ya hemos explicado de que cualquiera podría cifrar un documento en nuestro nombre si es interceptado, aunque el documento se encuentre firmado por nosotros.

Es decir, necesitamos garantizar que la **clave pública** de Sergio que tiene Carolina para descifrar los mensajes de este corresponden realmente a Sergio. Esto únicamente es posible garantizarlo con el concepto de certificado digital. Un certificado digital está siempre emitido por una entidad certificadora o, mejor dicho, una entidad de confianza del emisor y receptor del mensaje.

Una entidad certificadora emite un documento denominado "certificado digital", donde quedan registrados una serie de **datos de la entidad,** como el nombre, DNI, dirección, periodo de validez, etc. Además de toda la información de la entidad, también anexa la **clave pública** de la misma y la propia **firma digital de la entidad certificadora.**

Esto permite que se cumplan los principios de **autenticidad, confidencialidad, integridad** y no **repudio.**

 SABÍAS QUE...

Si eres ciudadano español y estás en posesión del DNI electrónico puedes solicitar tu propio certificado digital si vas a comisaría de policía de tu ciudad. Una vez solicitado, este se almacenará en tu DNI electrónico y podrás utilizarlo cada vez que necesites realizar una gestión o transacción administrativa. Eso sí, necesitarás un lector de tarjetas para poder leer el DNI.

Las **entidades certificadoras** son entidades que aceptan solicitudes de certificados de otras entidades, comprueban que realmente los datos concuerdan con la identidad de esas entidades o personas, y generan las claves privadas y públicas. El certificado estará compuesto de la información de la entidad que lo solicita y las claves públicas y privadas generadas para ella. Por supuesto, el certificado irá firmado por la entidad certificadora mediante su clave privada.

Los **certificados digitales** que estas entidades pueden emitir deben seguir las normas y acuerdos legales. Y deben, entre otras cosas, publicar las políticas de seguridad que aplican al mantenimiento y gestión de los certificados.

Cada entidad de certificación puede haber solicitado un certificado a otra entidad certificadora. De esta forma, se puede llegar a crear una cadena de confianza hasta una entidad certificadora de origen, la cual puede autofirmar su propio certificado.

Por supuesto, todas ellas están sujetas a una normativa muy rigurosa para garantizar la seguridad:

FNMT (Fábrica Nacional de Moneda y Timbre)
- Es la principal institución del estado que se encarga de proporcionar servicios de certificación a empresas y personas físicas.

ANCERT
- Permite emitir certificados notariales, tanto para la persona física como la jurídica. Además, propone dos métodos de consulta de estado de sus certificados: CRL y OCSP. Ambos servicios se ofrecen abiertos a todo el público y sin costes de acceso.

ANF AC
- Es una entidad acreditada oficialmente para emitir certificados digitales. Fabrica sus propios componentes y tecnología, y está presente en varios países.

CATCert
- Emite certificados para las administraciones públicas catalanas, permiten garantizar la identidad y los atributos personales de su titular, y está vinculado con el suscriptor perteneciente al sector público.

Continúa en página siguiente >>

<< Viene de página anterior

En el siguiente enlace puedes consultar toda la información necesaria sobre cómo solicitar certificados digitales para personas físicas o entidades:

https://redirectoronline.com/ifct101po0301

Página de la FNMT para la expedición y gestión de certificados

Entre las **ventajas** que supone el uso de certificados digitales tenemos:

- **Ahorro de costos.** Con el uso del certificado digital se ahorran la mayoría de las gestiones administrativas, papel, espacio de almacenamiento de la documentación, tiempo, desplazamientos, etc.
- **Eficiencia y rapidez.** Las administraciones públicas y las entidades privadas han ganado agilidad a la hora de realizar los trámites y esto repercute directamente en una eficiencia del tiempo de trabajo y esfuerzo, se reducen los errores humanos.
- **Transparencia.** Existe mayor transparencia entre las entidades que solicitan el uso de certificados digitales debido principalmente a que estas están obligadas a mostrar la lista de servicios públicamente.
- **Apuesta por el gobierno electrónico.** El uso de certificados digitales en administraciones públicas permite que el gobierno intensifique sus esfuerzos por mejorar su infraestructura en la web haciendo cada vez más cómoda la vida al ciudadano.
- **Seguridad.** Se gana en seguridad, ya que los documentos firmados y tramitados mediante certificado digital no pueden manipularse ni alterarse. Por lo tanto, podemos asegurar la confidencialidad de nuestras transacciones.
- **Apertura del comercio.** El uso de certificados digitales incentiva la apertura del comercio porque cada vez más personas se sienten seguras de realizar las transacciones comerciales; compras como calzado, ropa, utensilios de hogar, etc., se han disparado.

ACTIVIDAD COMPLEMENTARIA

13. Busca en internet los distintos tipos de certificados que podemos obtener de la Administración pública. Elabora un resumen de todos los tipos de certificados y en qué situaciones se aplica cada uno.

TAREA 6

En la empresa nos piden que todos los mensajes que enviemos sean firmados previamente para que la persona que lo reciba pueda verificar que procede de alguien confiable. Como hemos tenido un problema con el sistema de firmas digitales no podemos usarlo y vamos a firmar cada mensaje de forma manual hasta que se resuelva el problema.

Utiliza lo que necesites para firmar el documento que contiene el siguiente mensaje de texto:

> *Las cuatro de la tarde ya y aún no se ha levantado un soplo de brisa. El calor solar, que agrieta la tierra, derrite y liquida a los negruzcos segadores encorvados sobre el mar de oro de la mies sazonada.*

Acuérdate de que puedes calcular el *hash* de un texto desde cualquier página *online* que te lo permita.

6. SSL/TLS. La herramienta de encriptación multiusos

HILO CONDUCTOR

Ahora el jefe de Sergio le ha pedido que programe un *software* que permita la comunicación segura entre los servicios que proporciona. ¿Debe Sergio pro-

Continúa en página siguiente >>

<< Viene de página anterior

gramar un sistema de encriptación propio para que lo use su programa? No, Sergio sabe que existen protocolos de seguridad para las capas de trasporte de las comunicaciones de red y podrá utilizarlos en sus programas. En concreto podrá usar SSL o TLS.

SSL *(Secure Sockets Layer)* y **TLS** *(Transport Layer Security)* son protocolos de seguridad para la capa de transporte, desarrollados por *Netscape Communications* hace más de 20 años y por la **IETF** respectivamente.

Se desarrollaron para proteger las conexiones entre clientes y servidores usando el protocolo HTTP. **SSL** y **TLS** debían conseguir que el cliente estuviera seguro de la conexión que había realizado para llevar a cabo la transacción.

Por ser protocolos de la capa de transporte proporcionan servicios a la capa de aplicación donde residen otros protocolos como HTTP, FTP, etc. Esto hace que todos ellos puedan utilizarlos con cierto grado de independencia, de forma que muchas aplicaciones que no tienen nada que ver con internet pueden utilizarlos para realizar operaciones de cifrado y autenticación.

Estructura de la capa SSL/TLS

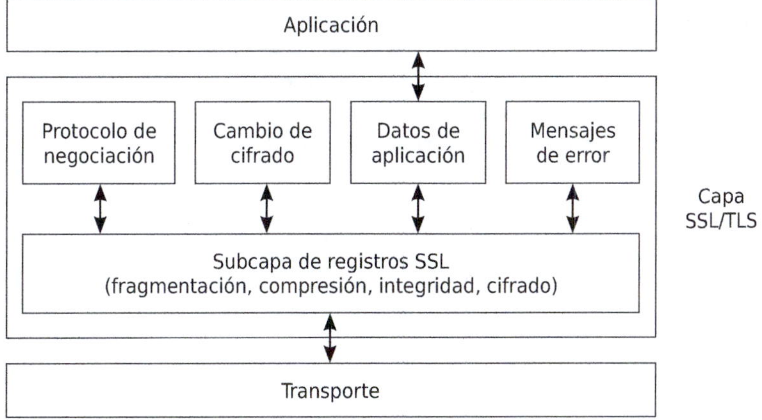

Algunos servicios que proporciona la capa que contiene estos dos protocolos

Hay que tener en cuenta que este mecanismo de seguridad es un tipo de funcionalidad que está pensada exclusivamente para que un programador o ingeniero informático implemente la seguridad en las comunicaciones de sus programas.

Para ello, a la hora de programar, este programador o ingeniero informático podrá elegir si utilizar un servicio de conexión sin seguridad, o bien utilizar un servicio de conexión basado en **SSL** o **TLS:**

Diseño del protocolo SSL

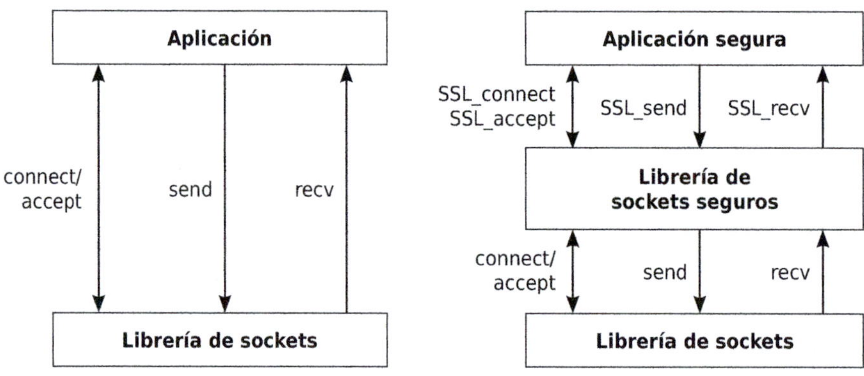

Principales funciones a nivel de programación del protocolo SSL

Obviamente, estos protocolos buscan permitir una transmisión segura de los datos codificándolos desde la capa de transporte del emisor y decodificándolos en la capa de transporte del receptor para que la aplicación final pueda interpretarlos. Estos protocolos admiten la configuración de los algoritmos y claves que se usan en la codificación y decodificación, utilizando para ello un protocolo de negociación SSL/TLS.

7. Navegación segura: HTTPS

☞ HILO CONDUCTOR

Sergio desea comprar unos zapatos nuevos y piensa hacerlo a través de internet. Para ello, busca algunas tiendas *online* y encuentra dos posibles: <https://www.zalando.es> y <http://www.micalzado.es>. Sin embargo, como Sergio sabe de

Continúa en página siguiente >>

<< Viene de página anterior

seguridad descarta por completo la segunda opción. No le ha hecho falta entrar en la web para darse cuenta de que comete un riesgo innecesario si compra en <http://www.micalzado.es>.

HTTPS es la versión segura del protocolo que más se utiliza en la navegación sobre internet. Por lo general, cuando se hace una petición a una página web se obtiene como resultado una página web cuya información no va cifrada. Es decir, el servidor devuelve la página tal cual. De esta forma, cualquiera que interceptara los paquetes que transmite la página web podría reproducir la web y visualizarla tal cual fue enviada al usuario.

HTTPS permite solicitar al servidor la misma página web, pero este debe utilizar el protocolo SSL, que ya hemos comentado en el apartado anterior, para codificar el resultado antes de enviarlo al usuario. De esta forma, la página viajará cifrada y segura a través de internet hasta nuestro equipo. A continuación, en nuestro equipo será descifrada y visualizada correctamente por el navegador.

Sin embargo, para el uso de **HTTPS** es necesario que el servidor web que lo implementa asocie a la conexión **HTTPS** un certificado digital correcto (**certificado SSL**). Esto permite que el cliente antes de realizar cualquier transacción sepa si el sitio web es un lugar seguro para el comercio.

Comparación de la seguridad para HTTP y HTTPS

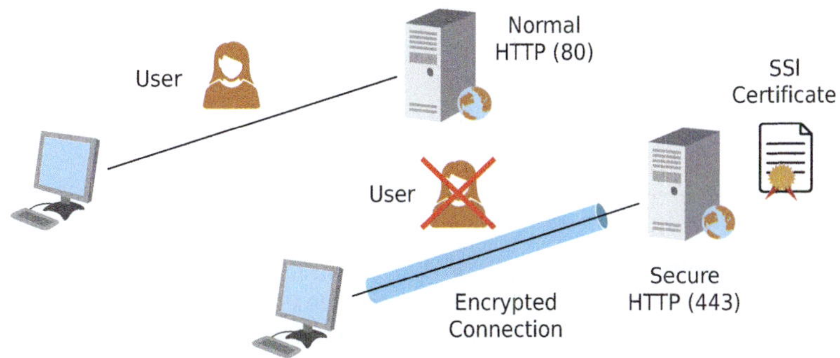

Cuando un servidor web implementa un servicio seguro aparecerá un candado verde a la izquierda de la barra URL de nuestro navegador, y la página comenzará por <https:// en vez de por http://. Entonces sabremos

si podemos confiar en el sitio web o no para realizar las transacciones comerciales que necesitemos.

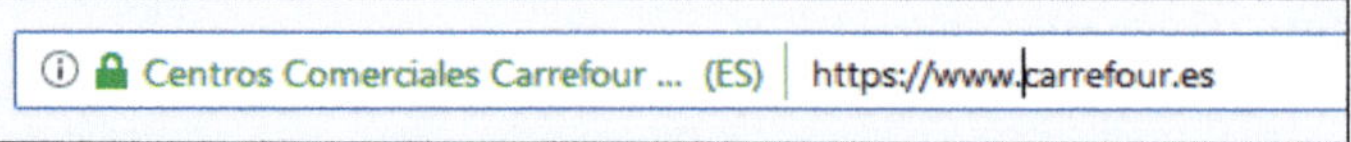

Ejemplo de cómo se muestra en el navegador una URL que proporciona un servicio HTTPS

A parte de todos los beneficios que aporta https a los usuarios existe una **desventaja.** Es un protocolo más lento que http. Esto es debido, obviamente, a que existe una etapa de cifrado y descifrado de la información, por lo que los tiempos de acceso a las páginas seguras son ligeramente mayores. No obstante, este es un mal menor, ya que hoy en día, gracias a las líneas de ancho de banda y a los sistemas de procesamiento avanzados apenas podemos apreciar las diferencias.

HTTP	HTTPS
URL comienza con "http://"	URL comienza con "https://"
Se utiliza el puerto 80 para la comunicación	Se utiliza el puerto 443 para la comunicación
Sin garantía	Asegurado
Funciona a nivel de aplicación	Funciona a nivel de transporte
Sin cifrado	Con cifrado
No hay certificados requeridos	Certificado prescrito

Diferencias entre HTTP y HTTPS

TAREA 7

Nuestra empresa se dedica a ofrecer seguridad para la información. De forma que nuestro jefe nos pide que elaboremos un estudio donde aparezcan algunas de las principales empresas de tecnología a nivel nacional, junto a información sobre el tipo de seguridad que implementan en la red: si utilizan seguridad, el tipo de seguridad, si utilizan certificado y cuál es la entidad certificadora que certifica su validez.

Continúa en página siguiente >>

<< Viene de página anterior

Elabora un estudio donde recopilar toda esta información para 5 empresas que elijas del sector de los servicios.

---

8. Resumen

En esta unidad hemos visto las dos técnicas más importantes en criptografía: el sistema de encriptación de clave simétrica y sistema de encriptación de clave asimétrica. Ambas se encuentran presentes en el 90 % de las técnicas de autenticación y cifrado de información en la actualidad, por lo que comprenderlas bien es fundamental para entender el resto de técnicas:

Técnicas de encriptación simétrica y asimétrica

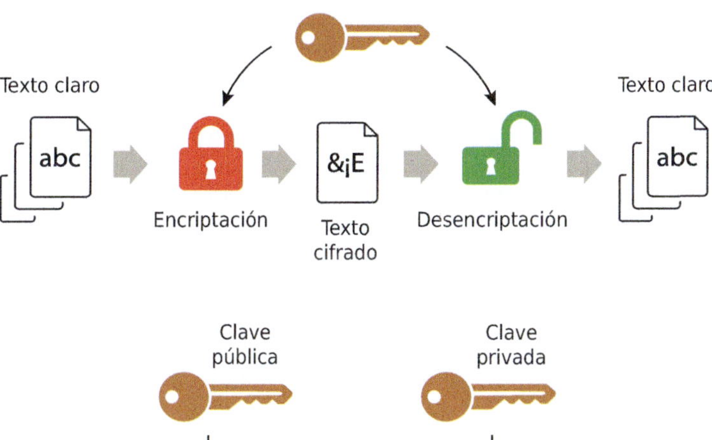

Tabla comparativa de los dos tipos de algoritmos de encriptación

Atributo	Clave simétrica	Clave asimétrica
Años en uso	Miles	Menos de 50
Velocidad	Rápida	Lenta
Uso principal	Cifrado de grandes volúmenes de datos	Intercambio de claves y firma digital
Claves	Compartidas entre emisor y receptor	Privada: solo conocida por 1 persona Pública: conocida por todos
Intercambio de claves	Difícil de intercambiar por un canal inseguro	La clave pública se comparte por cualquier canal. La privada nunca se comparte
Longitud de claves	56 bits (vulnerables) 256 bits (seguro)	1024 bits (mínimo de seguridad)
Algoritmos	DES, 3DES, *Blowfish*, IDEA, AES	*Diffie-Hellman*, RSA, DSA
Servicios de seguridad	Confidencialidad Integridad Autenticación	Confidencialidad Integridad Autenticación No repudio

Hemos aprendido una técnica que se utiliza para que podamos confiar en la información que nos llega: **firma digital,** y que permite construir otro mecanismo más completo y utilizado ampliamente en la actualidad: el **certificado digital.** Ambos son, ahora mismo, la piedra angular de los principios de seguridad de la información que viaja en internet. Sin ellos, el usuario estaría perdido y en continuo riesgo de amenaza a su privacidad y a su patrimonio personal.

Proceso de firma y verificación cuando se envía en un documento

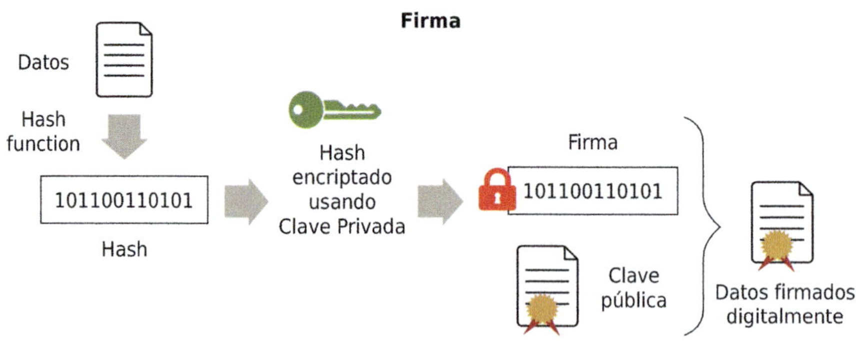

Continúa en página siguiente >>

<< Viene de página anterior

Verificación

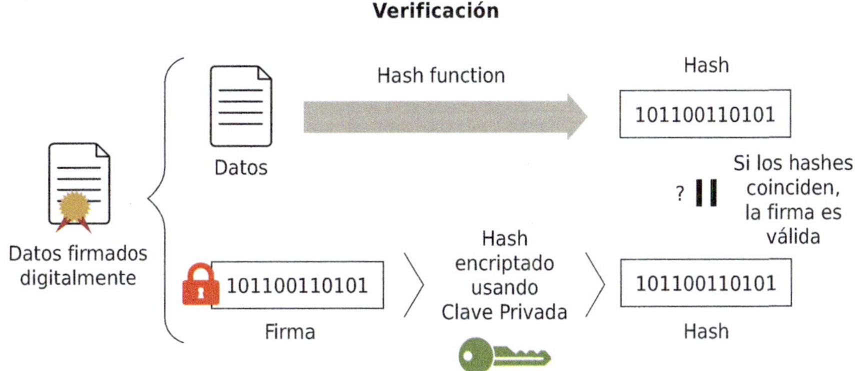

Por último, hemos dado a conocer una herramienta que permite al programador utilizar servicios de seguridad para otros protocolos que no implementan, o no tienen en cuenta la transmisión segura de la información, y cómo las principales páginas de servicios *online* al consumidor demuestran que utilizan estas técnicas para que el usuario se sienta seguro de utilizarlas para su beneficio.

Comparación de la seguridad para HTTP y HTTPS

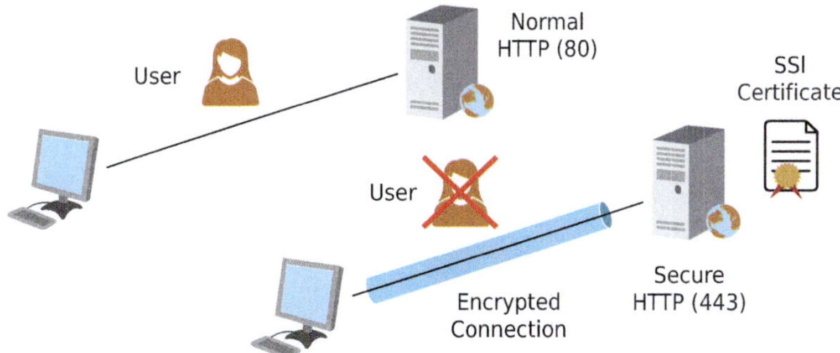

Ejercicios de autoevaluación
Unidad de Aprendizaje 3

1. ¿Qué es la criptografía?

    a. Es un conjunto de técnicas para clasificar la información.
    b. Es un conjunto de técnicas que se utilizan para el cifrado o codificado de la información.
    c. Es sinónimo de encriptación.
    d. Es un conjunto de técnicas para ocultar cierta información.

2. En un algoritmo simétrico...

    a. ... existe una sola clave con la que se cifra y descifra la información.
    b. ... existen dos claves, una para cifrar y otra para descifrar la información.
    c. ... no existen claves, solo se utiliza un algoritmo para cifrar.
    d. Todas las opciones son incorrectas.

3. Determina si la siguiente oración es verdadera o falsa: "La encriptación asimétrica puede ser rota fácilmente mediante ataque por fuerza bruta".

    ■ Verdadero
    ■ Falso

4. Determina si la siguiente oración es verdadera o falsa: "La encriptación asimétrica se basa en seleccionar dos números primos y factorización".

    ■ Verdadero
    ■ Falso

5. El principal inconveniente de la encriptación asimétrica es...

    a. ... la lentitud.
    b. ... la rapidez.

    c. ... el peso del algoritmo.
    d. ... que hay muchas formas de evitarla.

6. **Determina si la siguiente oración es verdadera o falsa: "En la actualidad se suele mezclar las dos técnicas de encriptación: simétrica y asimétrica conjuntamente".**

    ■ Verdadero
    ■ Falso

7. **¿Qué es el *hash*?**

    a. Es un algoritmo matemático para transformar y resumir información.
    b. Es un algoritmo matemático para crear información.
    c. Es una técnica de cifrado.
    d. Es una técnica de descifrado.

8. **Determina si la siguiente oración es verdadera o falsa: "La firma digital no es un mecanismo que proporcione autenticación".**

    ■ Falso
    ■ Verdadero

9. **El certificado digital es un mecanismo por el cual...**

    a. ... la firma digital queda obsoleta.
    b. ... podemos transformar la información para transmitirla más eficientemente.
    c. ... podemos solicitar nuestros datos a las empresas públicas.
    d. ... podemos realizar transacciones administrativas de forma rápida y sin esfuerzo.

10. **Determina si la siguiente oración es verdadera o falsa: "SSL/TLS son protocolos de seguridad para la capa de transporte, que se desarrollaron para proteger las conexiones entre clientes y servidores usando el protocolo HTTP.".**

    ■ Verdadero
    ■ Falso

Sistemas de autentificación

Contenido

1. Introducción
2. Tecnologías de identificación
3. PAP y CHAP
4. RADIUS
5. El protocolo 802.1X
6. La suite de protocolos EAP:
   LEAP, PEAP, EAP-TLS
7. Sistemas biométricos
8. Resumen

Objetivos

El objetivo general de esta Unidad de Aprendizaje es:

→ Aprender los fundamentos sobre el proceso de autenticación en redes.

Los objetivos específicos de esta Unidad de Aprendizaje son:

→ Conocer los principios básicos del proceso de autenticación en redes.

→ Saber elegir un sistema de autenticación u otro dependiendo de las características de la red.

→ Conocer cuáles son las fortalezas y debilidades de los sistemas de autenticación más utilizados.

1. Introducción

Con el incremento del uso de internet y el impulso de la cibersociedad por compañías como *Google, Facebook, Whatsapp, Instagram,* etc. se han producido cambios en los hábitos sociales de todos los ciudadanos. Así pues, cada vez es más fácil encontrar a quien prefiere expresarse mediante un teclado, ya sea para leer el periódico, o bien realizar una transacción bancaria a través de la sede electrónica de su banco.

Pero utilizar estas tecnologías conlleva una grave consecuencia. Cualquiera podría hacerse pasar por ti y utilizar tus credenciales para beneficio suyo y perjuicio tuyo. Los motivos son infinitos, al igual que las consecuencias. Por todo ello, el principal problema de todas estas plataformas o tecnología moderna es intentar implementar mecanismos para ponerle las cosas lo más difícil posible a aquellos que quieran engañar.

La privacidad se ha convertido, por lo tanto, en una obsesión para garantizar los niveles de seguridad necesarios en cada una de nuestras acciones cotidianas. Sin embargo, para alcanzar tal nivel de seguridad, los dispositivos electrónicos deben ayudar. Y la única forma que tienen de hacerlo es proporcionar las herramientas necesarias para garantizar la identificación y certificación de entidades y personas en la red, sin que se vea comprometida dicha información.

A continuación, la empresa para la que trabaja Sergio le encomendará la tarea de implantar un sistema de autenticación adecuado para la organización y modelo de negocio. En esa tarea, Sergio analizará multitud de protocolos y aprenderá los principios del proceso de autenticación.

2. Tecnologías de identificación

 **HILO CONDUCTOR**

En la empresa de Sergio hay 246 empleados, por lo que es necesario un sistema de autenticación para controlar las horas de trabajo de cada uno de ellos. Sergio va a hacer una valoración de todos los sistemas de autenticación disponibles para informar a sus jefes de cuál de estos mecanismos podría ser el mejor sistema para implantarlo en su empresa.

Para garantizar la seguridad de la información, uno de los principios que ya hemos visto en unidades anteriores es el de **autenticación.**

Un sistema de información que garantice este principio debe ser capaz de identificar con cierta exactitud qué entidad intenta acceder a la información. Por lo tanto, aparecen diferentes tipos de elementos: los **elementos activos,** que serán las entidades o usuarios que realizan el acceso, y los **elementos pasivos,** que serán los ficheros o información persistente a la que acceden los elementos activos, y los **procesos o medios** que darán soporte a la identificación.

Sin embargo, no es del todo correcto hablar de que un sistema de información **identifica** a una entidad o persona, sino más bien trata de autenticar que esa entidad es quien realmente dice ser. Esta acción es un proceso, en la mayoría de las veces electrónico. El proceso de **identificación** lo inicia el usuario, mientras que en el proceso de autenticación lo hace el sistema que controla el acceso.

Una vez ha concluido el proceso de autenticación del usuario en el sistema, el propio sistema otorga los permisos necesarios al usuario dependiendo del rol configurado para este en el sistema. De esta forma, solo podrá acceder a aquellos recursos que el sistema le permita. Este proceso es el de **autorización.**

 **DEFINICIÓN**

Identificación
Acción por la cual, el usuario o entidad se da a conocer en el sistema.

Autenticación
Acción para certificar que el usuario es quien dice ser.

Autorización
Acción que consiste en dar acceso a una serie de recursos a un usuario o sistema (para ello, el usuario o el sistema previamente tendrán que haberse autenticado).

Actualmente, los **métodos de autenticación** se clasifican en:

Métodos que usan algo conocido
- Este es el sistema de autenticación más básico que existe. El sistema determina si la entidad o usuario es autenticado mediante el uso de una contraseña o palabra de paso, que es acordada entre las dos partes. Cuando la entidad o usuario como primera parte desea acceder al sistema, muestra la contraseña o palabra de paso y, a continuación, el sistema tras verificarla admite el acceso o lo deniega.
- Es el método más vulnerable de entre todos, porque si se conociera la contraseña, todo el sistema sería accesible.

Métodos que usan algo poseído
- Hace veinte años que se utilizó la primera tarjeta inteligente (o *smartcard*). Se integró un chip en una tarjeta de plástico; desde entonces, existen millones en todo el mundo y sus posibilidades son igualmente diversas. Te permiten desde sacar dinero de un cajero hasta acceder a una zona restringida al paso en una empresa. Este sería, sin duda, el caso más básico de un método de autenticación basado en algo poseído.
- Pero también tiene **desventajas:** se puede robar y comprometer todo el sistema y también se puede alterar modificando el chip que la compone.

Métodos que usan alguna característica física
- Estos métodos se ayudan de rasgos físicos como la retina del ojo o la huella dactilar para el proceso de autenticación. Por ejemplo, cuando utilizamos la huella dactilar, el lector la convierte en un fichero de códigos cifrados que es enviado al sistema para que verifique si corresponde con algún individuo almacenado en la base de datos.
- Es un método muy seguro y fiable. Sin embargo, se necesitan lectores y/o dispositivos que suelen tener un coste, a veces elevado. Además, algunos usuarios pueden ver invadida su privacidad.

Métodos que usan cómo nos comportamos
- Otros métodos para la autenticación se basan en analizar el comportamiento de un individuo. Es decir, se enfocan en "cómo" un usuario interactúa con el sistema previo al acceso a diferencia de "qué" información ingresa. Por ejemplo, un sistema se puede encargar de monitorizar constantemente las pulsaciones de las teclas, el movimiento del ratón o la presión de los dedos sobre las teclas, etc.

◉ EJEMPLO

Cuando accedemos a *Instagram*, *X*, *Facebook*, etc., con nuestro usuario y contraseña, estamos utilizando información que solo nosotros sabemos. Sin embargo, cualquiera con esta información podría acceder al sistema en nuestro nombre, y aunque es difícil que alguien la conozca, hemos visto que hay numerosos métodos para conseguirla.

Para evitarlo, las principales plataformas de redes sociales están imponiendo el sistema de autenticación denominado "autenticación en dos pasos". Consiste en introducir otro factor adicional para poder acceder al sistema: algo que tengamos. En el caso de *X*, este elemento es el móvil. Se envía al móvil un código de acceso que hay que utilizar.

Este tipo de autenticación utilizaría dos métodos de diferente tipo para asegurar la información: basados en algo conocido y en algo poseído. Es lo que se conoce como **autenticación multimodal.**

La **autenticación multimodal** permite reforzar la seguridad del proceso de autenticación y, por consiguiente, la seguridad de la información.

Sistemas de autenticación a 1 factor	Sistemas de autenticación a 2 factores	Sistemas de autenticación a 3 factores
- Identificador + contraseña (elemento que se sabe). - Definición sin contacto (elemento que se posee). - Biométrica o identificador + biométrica (elemento que es).	- Tarjeta inteligente + código PIN (elementos que se posee Y que se sabe). - Tarjeta inteligente + biométrica (elemento que se posee Y que es). - Biométrica + contraseña (elemento que es Y que se sabe).	- Tarjeta inteligente + cifra PIN + biométrica (elementos que se posee Y que se sabe Y que es).

Las principales **desventajas** de la autenticación de más de un factor son:

Administración
- Uno de los principales problemas del uso de la autenticación de más de un factor es que, precisamente, cada factor debe administrarse. Esto quiere decir que si se generan contraseñas deben inicializarse, almacenarse y cifrarse, si se usan tarjetas inteligentes se deben fabricar, programar los chips, etc. Es decir, cada factor tiene un coste de mantenimiento. Para un método multimodal se multiplicará ese mantenimiento.

Ergonomía
- El uso de varios métodos complementados provoca que la acción de acceder al sistema sea una acción algo más tediosa. El acceso al sistema se vuelve muy pesado para el usuario.

Costes
- En este caso también existe un coste de recursos o periféricos que deben soportar la autenticación física sobre todo: tarjetas inteligentes, lectores, sensores, etc. Sin contar que, en determinadas ocasiones, habrá que realizar un curso de formación a los trabajadores para formarlos con los conceptos de autenticación concretos para la entidad o empresa.

Para **conseguir la autenticación,** una entidad o usuario debe proporcionar un elemento, ya sea lógico, material o rasgo físico. Los métodos más utilizados para el proceso de autenticación son los siguientes:

- **El identificador y la contraseña.** No necesita ningún elemento o recurso físico para su uso. Es muy simple, el sistema o el usuario determinan la contraseña y el identificador, que serán utilizados cada vez que el sistema lo pregunte. Solo el conocimiento de estos valores determinará si el usuario o entidad ganan el acceso o no al sistema.
- **El identificador y la contraseña OTP.** OTP *(One-Time Password)* es un servidor que gestiona la asignación de contraseñas (credenciales) asignando también, un período de validez a dichas credenciales. Transcurrido el tiempo de caducidad de la contraseña, el usuario no podrá acceder al sistema.
- **Certificados PKI sobre tarjeta inteligente o token USB.** Este tipo de método consiste en el uso de un chip informático adherido a la tarjeta de plástico. Esto implica que, el usuario que quiera realizar la autenticación, debe instalar un código informático asociado a la tarjeta y un lector de

tarjetas. Con estas dos cosas el usuario debería poder acceder al sistema previa lectura de la tarjeta.

- **Tecla "Confidencial Defensa".** Este método pertenece a los de tipo multimodales. Se basa en el uso de una "llave" o dispositivo electrónico (USB) que aloja el certificado, y los recursos criptográficos necesarios para la autenticación.

  La llave se vuelve un mecanismo seguro porque permite transportar de manera confiable los distintos elementos que componen el SSO. Volviéndose un mecanismo más portable, íntegro y seguro.

- **Identificador y contraseña sobre tarjeta inteligente.** En este caso, se utilizaría una tarjeta donde se guardaría la contraseña y el id de usuario o entidad. No es necesario ningún tipo de certificado.

- **Biométrica.** Son mecanismos que utilizan lectores o dispositivos para la lectura de los rasgos físicos que serán comprobados en la autenticación. Existe, relativamente, pocos proveedores de lectores biométricos. Se suelen utilizar dentro de las empresas para proteger el acceso a información sensible o confidencial.

- **Definición sin contacto.** Métodos basados en RFID. Son aplicaciones que permiten la autenticación sin contacto físico. Por ejemplo, el uso de tarjetas de crédito que pagan una compra solo acercando la tarjeta a un lector. Algunos ejemplos de su uso se pueden encontrar en situaciones donde es necesario un "cambio rápido de usuario", como por ejemplo, en un servicio de urgencias de un hospital.

ACTIVIDAD COMPLEMENTARIA

14. Elige uno de los métodos anteriores y busca en internet ejemplos reales de su uso.

3. PAP y CHAP

HILO CONDUCTOR

Le han encomendado a Sergio la tarea de configurar el diálogo de conexión entre dos dispositivos que se encuentran en la misma red. En concreto, Sergio

Continúa en página siguiente >>

<< Viene de página anterior

debe implementar un sistema de autenticación entre los dispositivos sin que exista intervención humana. Para ello, Sergio usará un protocolo **PPP,** pero debe escoger entre **PAP** y **CHAP.**

3.1. El protocolo PPP

La necesidad de conectar dos terminales o dispositivos entre sí, hace unos cuantos años, dio origen a una serie de problemas que se fueron solucionando aplicando y desarrollando protocolos de comunicación. En concreto, el primer protocolo para lograrlo fue conocido por **SLIP** *(Serial Line Internet Protocol).* Sin embargo, este **carecía de aspectos muy importantes** para la conexión entre máquinas:

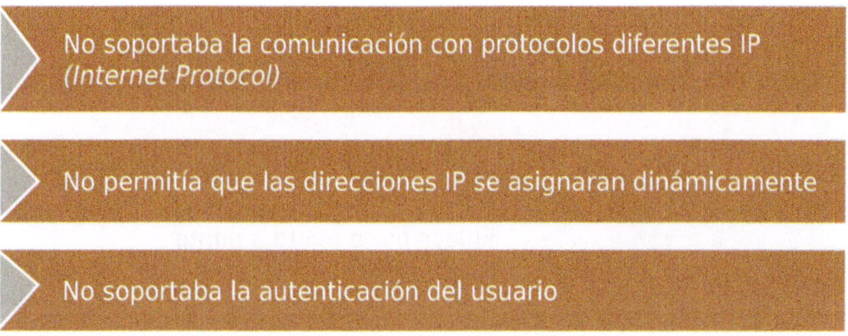

Se desarrolló un nuevo protocolo, el **protocolo PPP** *(Point-to-Point Protocol),* que **solucionaba todos estos problemas.** Con este protocolo se permitía únicamente la conexión y diálogo entre los dispositivos mediante una negociación que involucraba a las dos primeras capas del modelo OSI de comunicaciones: **Enlace** y **Físico.**

Esquema de conexión entre dos sistemas que usan protocolo PPP

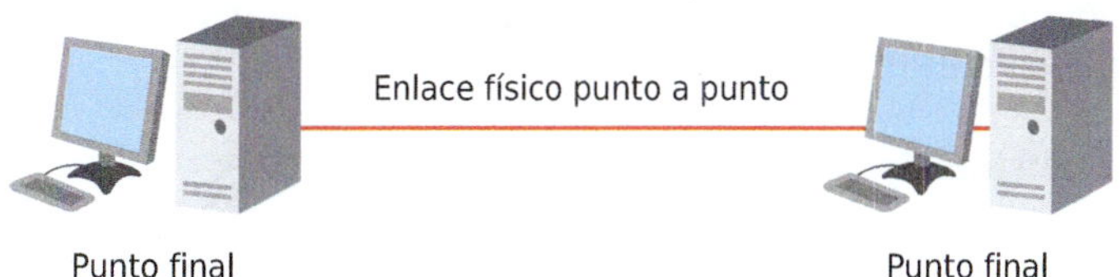

Pero hasta ahora, solo hemos hablado de un protocolo para comunicar dispositivos u ordenadores, no hemos nombrado nada sobre la autenticación. Pues bien, el protocolo PPP permite realizar este proceso mediante dos protocolos que incluye: **PAP** y **CHAP.**

3.2. El protocolo PAP

El protocolo **PAP** *(Password Authentication Protocol)* permite la autenticación entre máquinas mediante dos acciones:

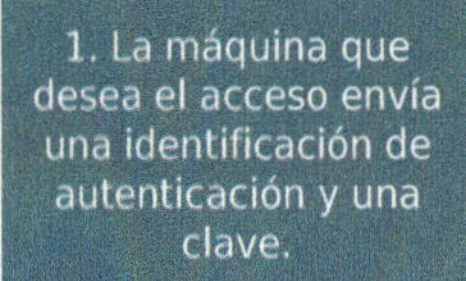

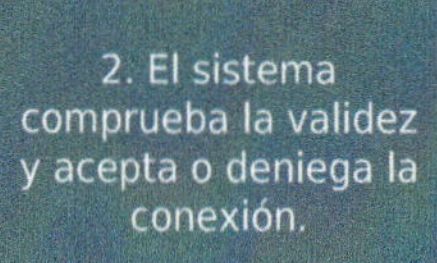

Comunicación entre dos sistemas que usan protocolo PAP

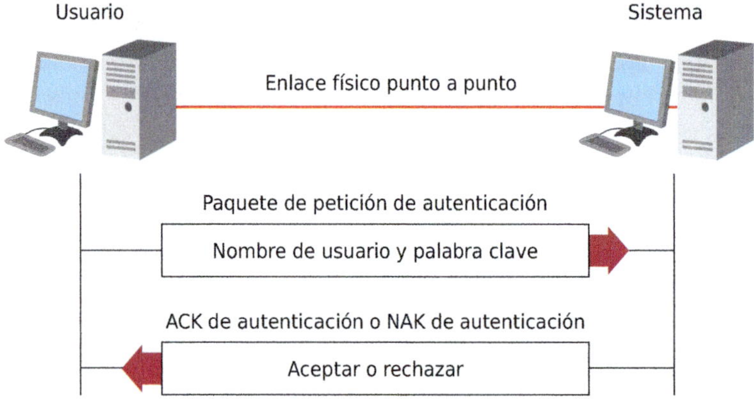

Esto se hace a nivel de paquete de datos que viaja de ordenador a ordenador a través de la red. Cada paquete **PAP** se encapsula en una trama del protocolo **PPP.**

Existen **tres tipos de paquetes** en el protocolo PAP:

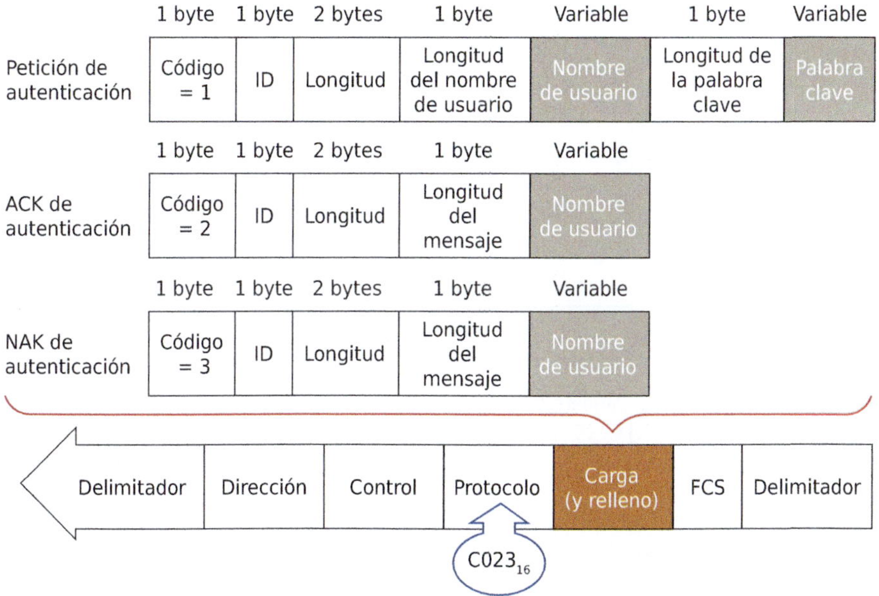

3.3. El protocolo CHAP

El **protocolo CHAP** *(Challenge Handshake Authetication Protocol)* es un protocolo que se basa en utilizar el sistema de desafío en tres pasos o a tres bandas. Esto hace que este protocolo sea un poco mejor en lo que se refiere a seguridad con respecto al protocolo **PAP.** Depende del uso de contraseña privada mantenida en secreto y no se transmite en ningún momento.

Para ello, el sistema que quiere **ganar el acceso** realiza las siguientes acciones:

1. El sistema envía al dispositivo que quiere ganar el acceso un paquete de desafío con un valor, por lo general, varios *bytes*.	2. El dispositivo realiza una serie de operaciones sobre esos *bytes* para obtener un resultado, aplicando la clave que comparten. Tras esto, el dispositivo devuelve el resultado.	3. El sistema realiza la misma serie de operaciones sobre los *bytes* que envió al dispositivo y obtiene, aplicando también la clave secreta, un resultado que compara con el que le devolvió el dispositivo. De esta forma, si ambos resultados coinciden, el dispositivo gana el acceso y, si no, es denegado.

Comunicación entre usuario y sistema en protocolo CHAP

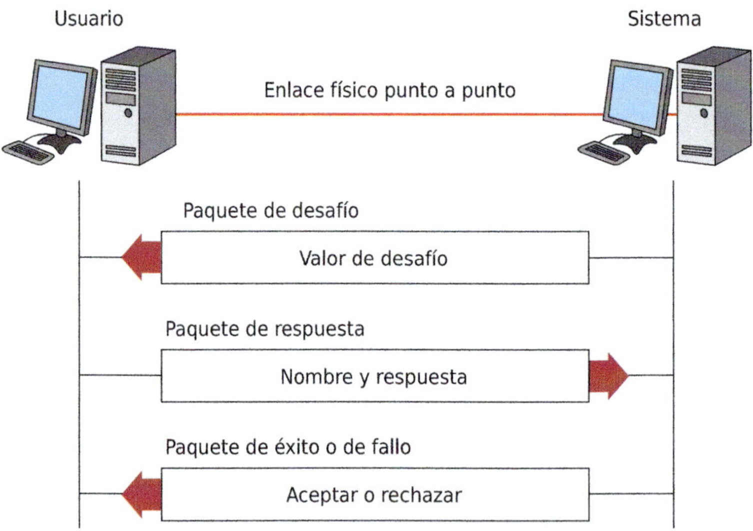

Para este protocolo existen **4 tipos de paquetes** que se envían en la negociación o comunicación y, al igual, que en el protocolo **PAP,** van encapsulados en paquetes con trama **PPP.**

Los cuatros paquetes son:

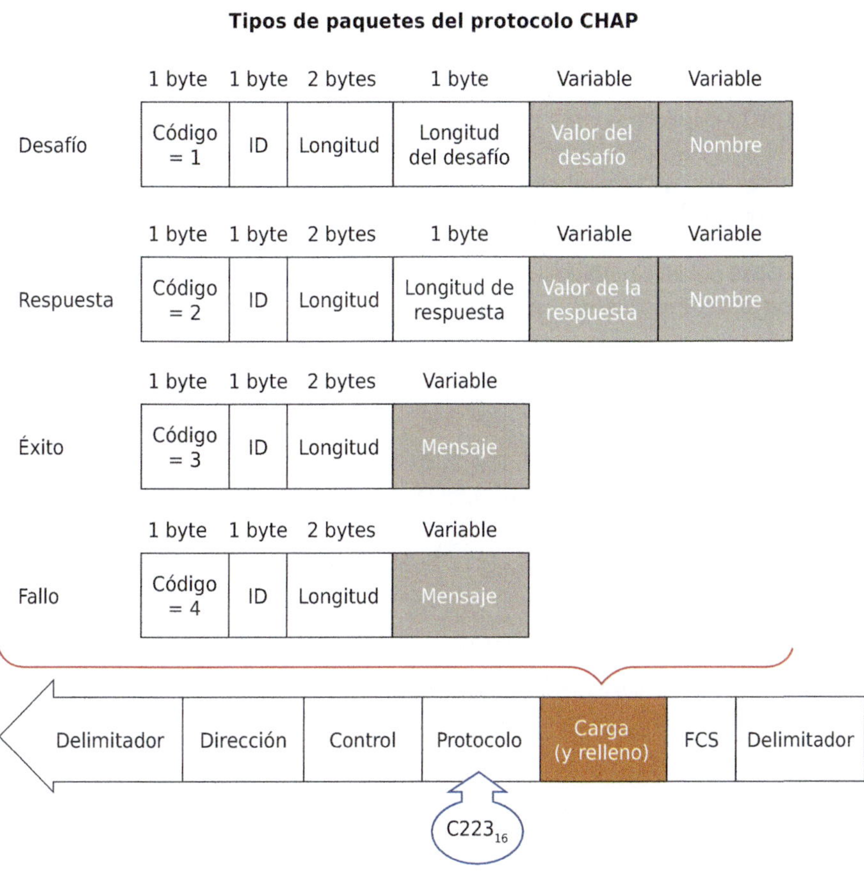

4. RADIUS

👉 HILO CONDUCTOR

Sergio está ahora asesorando sobre la seguridad informática en un hotel. En concreto, el hotel desea implantar un sistema de autenticación para el acceso

Continúa en página siguiente >>

<< Viene de página anterior

a internet de sus clientes cuando estén alojados. Sergio sabe que ese tipo de seguridad se consigue con el protocolo RADIUS y comienza a configurar el servidor para su uso.

RADIUS *(Remote Access Dial In User Service)* es un protocolo de autenticación, más concretamente es un protocolo de aplicación, que opera sobre el puerto 1812 y que permite un servicio de autenticación centralizado para usuarios de la red que necesitan compartir algún recurso.

RADIUS permite manejar el concepto de sesiones, por lo tanto, no solo se trata de un protocolo para autenticación. Las **funciones** que proporcionan son:

Autenticación
- Es el procedimiento o mecanismo por el cual un usuario o entidad (cliente) intenta demostrar su identidad ante otra entidad (servidor).

Autorización
- Es el proceso por el cual un servidor que ya ha autenticado a un cliente le concede permisos o privilegios sobre el sistema y sus recursos.

Contabilización
- Tiene que ver con la capacidad de monitorizar en todo momento el estado de las sesiones que se han autenticado. Esto permite aplicar cuotas de uso a dichas sesiones y establecer límites de consumo.

SABÍAS QUE...

RADIUS se suele utilizar para la autenticación en redes wifi y en el acceso de los *routers* que tenemos en casa sobre los servidores de los ISP que proporcionan el servicio de internet. Aunque también es muy común en hoteles, restaurantes, colegios, etc., para proporcionar acceso a internet de forma temporal bajo unas credenciales que caducan.

RADIUS se desarrolló **principalmente para autenticar** los servicios de acceso telefónico a redes. Hoy en día, se utiliza mucho para autenticar otros dispositivos de red.

Comunicación entre sistema y servidor en el protocolo RADIUS

1. Usuario intenta logearse en un *router*

2. El *router* encripta el encabezado de la autenticación y lo reenvía al servidor RADIUS

3. El servidor RADIUS busca en su base de datos el correspondiente

5. El *router* acepta el login y permite al usuario acceder

4. Si el servidor RADIUS encuentra el correspondiente, en vía un mensaje de "Access-Accept" al *router*

RADIUS utiliza **UDP** para la **transmisión de los mensajes entre el cliente y el servidor.** Cuando un cliente intenta autenticarse en un recurso de red, envía sus credenciales (usuario y contraseña) sobre el **protocolo PPP** de capa de enlace, el recurso de red estará configurado para redirigir la petición a un servidor RADIUS. De esta forma, el servidor comprueba las credenciales y acepta o rechaza el intento de conexión al recurso.

Respuestas de autenticación de un servidor RADIUS

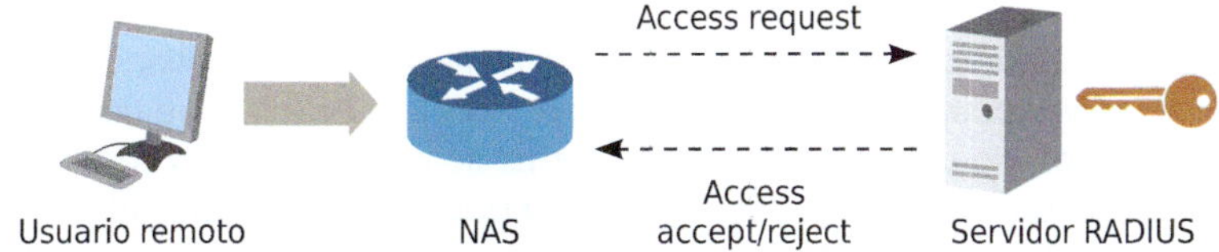

 **NOTA**

El protocolo se puede configurar para que el dispositivo que se intenta compartir sea cualquier tipo de recurso de red: NAS, servidor de acceso a internet, etc.

RADIUS utiliza los protocolos **CHAP, PAP** y **EAP** para el proceso de autenticación.

**Secuencia de comunicaciones para la autenticación
de elementos de red en un sistema RADIU**

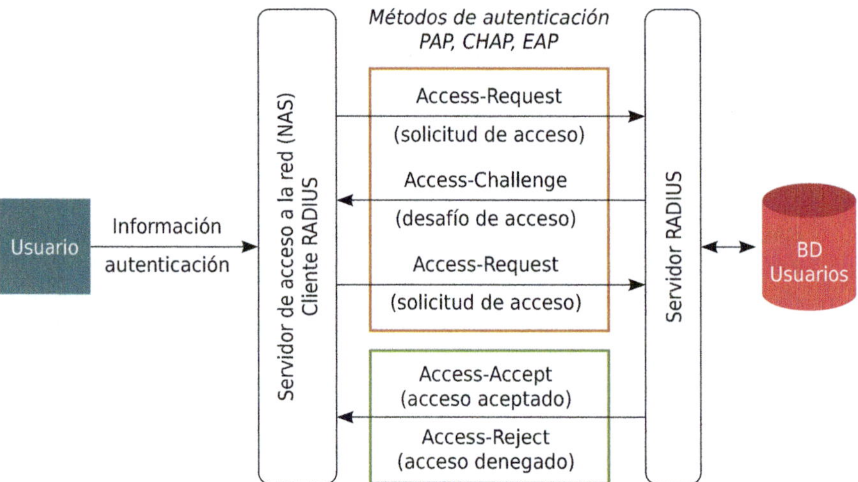

Después de que el servidor devuelva una respuesta al cliente de la forma ***Access-Accept*** o ***Access-Reject,*** comienza el proceso de contabilización sobre el uso del recurso. De esta forma se registran datos como la identificación del usuario, su dirección IP, su punto de conexión y el identificador de sesión único. Cada cierto tiempo el protocolo **RADIUS** comprobará que la conexión todavía sigue activa y actualizará las estadísticas de monitorización. **RADIUS** realza estas acciones mediante el envío de paquetes: ***Accounting-Request*** y ***Accounting-Response.***

**Secuencia de comunicaciones para el proceso
de contabilización en un servidor RADIUS**

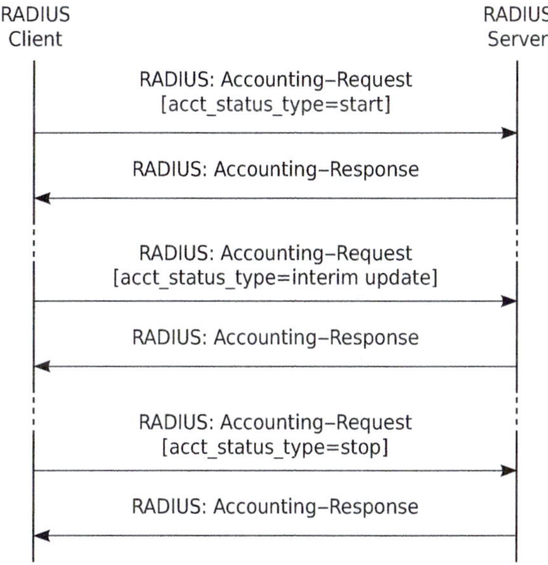

El formato del paquete se encapsula de la siguiente manera:

Estructura de paquete para el protocolo RADIUS

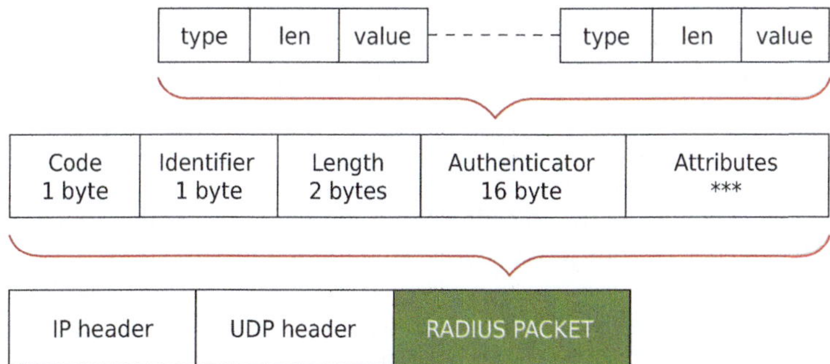

Code	Determina el tipo de paquete RADIUS: *Access-Request, Access-Access, Access-Reject, Accounting-Request, Accounting-Response, Access-Challenge, etc.*
Identifier	Sirve para relacionar las respuestas y solicitudes **RADIUS.**
Lenght	Indica la longitud del paquete.
Authenticator	Sirve para autenticar la respuesta del servidor **RADIUS** y para encriptar la clave.
Attributes	Sirve para el intercambio de información en cualquier fase de **autenticación, autorización** y **contabilización.**

ACTIVIDAD COMPLEMENTARIA

15. Explica con tus palabras en qué consiste que un sistema de autenticación sea capaz de monitorizar la sesión de usuario. ¿Para qué utilizarías este sistema?

TAREA 8

Imagina que necesitamos conectarnos desde nuestra casa al banco *online* para solicitar una transferencia de dinero. Elabora el diagrama con la secuencia de pasos a nivel de red que ocurrirán entre tu equipo y el servidor del banco, sabiendo que dicho servidor realiza una petición a otro servidor central para solicitar las credenciales de los clientes que intentan conectarse, y que dicho servidor se encuentra ubicado en otra localidad. En el diagrama deben aparecer los enlaces a los proveedores de internet que correspondan en cada caso.

Puedes asumir el sistema de autenticación que desees, pero debe ajustarse a las restricciones de seguridad necesarias para su uso en una entidad bancaria.

5. El protocolo 802.1X

☞ HILO CONDUCTOR

Sergio ya configuró su servidor RADIUS en el apartado anterior, pero ahora necesita que los dispositivos de la red interna puedan utilizarlo para su autenticación. Para ello, va a usar el protocolo 802.1x.

Hasta ahora hemos visto protocolos que se suelen utilizar fuera de las redes domésticas. Es decir, cuando la comunicación se realiza entre nuestros *routers* y los proveedores de servicio a internet (ISP) mayoritariamente. Un ejemplo fue el protocolo RADIUS.

El **protocolo 802.1X es un protocolo de autenticación EAP** *(Extensible authentication Protocol)* para conexiones punto a punto como las que hemos estudiado en apartados anteriores, pero adaptado para permitir utilizar la autenticación sin que el paquete tenga que salir de nuestra red interna **(LAN).** Es decir, **no utiliza el protocolo PPP.** Por lo general, el servidor de autorización/autenticación suele ser un servidor RADIUS, aunque podría configurar cualquier otro tipo de servidor de autenticación.

En una red que utilice este protocolo como sistema de autenticación existen los siguientes elementos:

Suplicante o cliente
- Se trata del dispositivo que inicia la petición de acceso a la red.

Autenticador
- Es el equipo o dispositivo de red *(switch* o punto de acceso) que recibe la petición del suplicante y envía la petición de autenticación al servidor de autorización/ autenticación. Actúa como un intermediario.

Servidor de autorización/autenticación
- Es el que conoce qué equipos o dispositivos están autorizados para acceder a la red.

**Elementos que intervienen en un sistema de autenticación
basado en protocolo 802.1x**

Ya hemos dicho que el **protocolo en 802.1X utiliza EAP adaptado a una LAN,** por lo que comúnmente se suele denominar a este protocolo como **EAP** sobre LAN (EAPOL). Hoy en día también se utiliza en las redes inalámbricas.

Su **funcionamiento** es el siguiente:

1. Tan pronto como la conexión o enlace entre el suplicante y el autenticador se encuentra activa, este envía un paquete EAP "de solicitud/identidad *(Request/Identity)"*.
2. El solicitante envía un paquete "de respuesta/identidad EAP *(Response/Identity)"* con el identificador.
3. El autenticador pasa ese paquete de respuesta al servidor de autenticación **(RADIUS).**
4. El servidor de autenticación envía un desafío al autenticador que descomprime de la capa IP y lo encapsula en **EAPOL** antes de enviarlo al suplicante.
5. El solicitante responde al desafío a través de la autentificación y pasa la respuesta al servidor de autenticación.
6. Si el solicitante proporciona identidad propia, el servidor de autenticación responde con un mensaje de éxito, que luego se pasa al suplicante. El autenticador permite ahora el acceso a la LAN -posiblemente restringida según los atributos que vienen desde el servidor de autenticación-. Por ejemplo, el autenticador puede cambiar el solicitante a una red LAN virtual o instalar un conjunto de reglas de *firewall*.

Flujo de información entre los elementos del sistema de autenticación

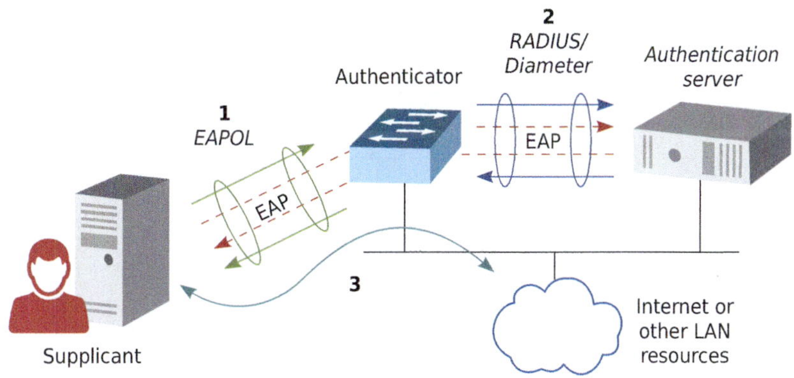

6. La *suite* de protocolos EAP: LEAP, PEAP, EAP-TLS

☞ HILO CONDUCTOR

Sergio necesita también proporcionar un mecanismo de autenticación para la wifi de la empresa. Por lo que se va a dedicar a estudiar cuál puede ser el mejor protocolo EAP para implementarlo en la empresa.

Los **mecanismos de autenticación en redes wifi** han ido evolucionando conforme han hecho falta aplicar las medidas de seguridad adecuadas. Algunos protocolos que se usaban empezaron a experimentar problemas de seguridad y, por lo tanto, hubo que desarrollar mecanismos más seguros.

Aunque **EAP** significa *Extensible Authentication Protocol,* no se puede considerar como un sistema de autenticación como tal, más bien, podríamos hablar de un mecanismo que da soporte a otros sistemas de autenticación. Actualmente existen hasta 40 sistemas de autenticación diferentes que utilizan **EAP.**

EAP opera a nivel de capa de enlace en las comunicaciones, lo que lo hace muy flexible y utilizable por diferentes tecnologías de comunicaciones.

Modelo de capas de los principales protocolos que componen la familia EAP

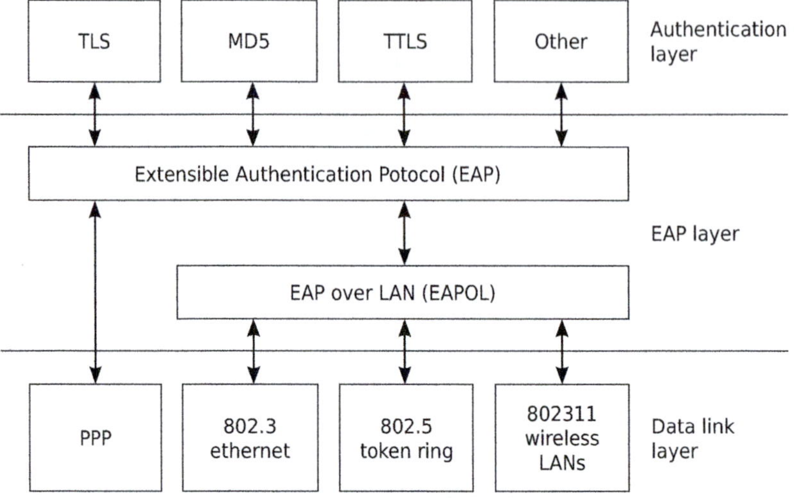

EAP define **cuatro tipos de paquetes** que deben ser implementados por cada sistema de autenticación que se base en él:

Secuencia de comunicación entre los elementos del sistema de autenticación EAP

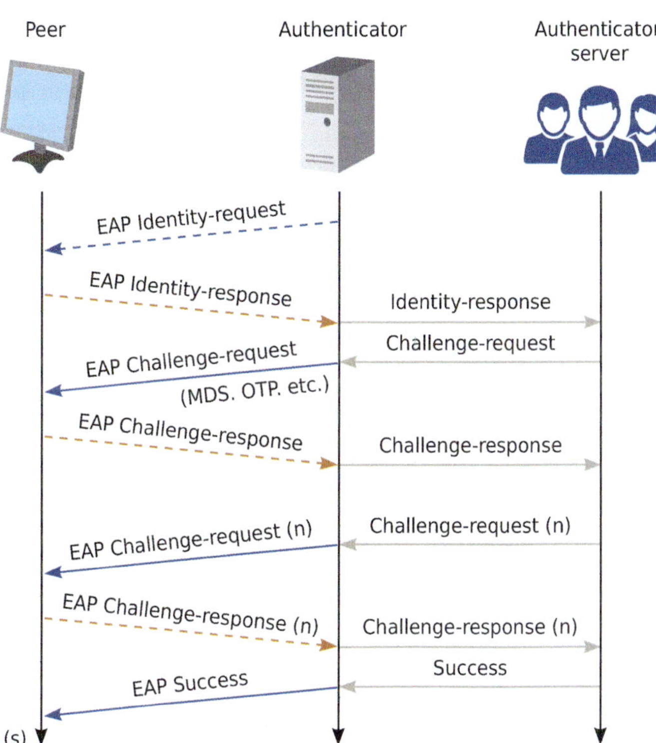

Según la imagen anterior, la **secuencia de comunicaciones entre el cliente** y el **servidor** de un sistema **EAP** se realiza en el siguiente orden:

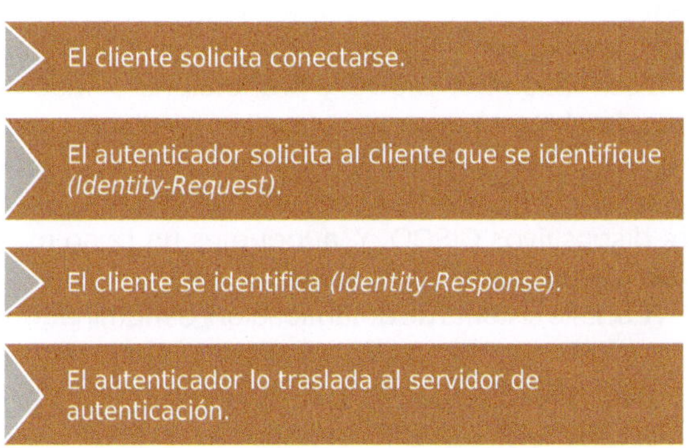

Continúa en página siguiente >>

<< Viene de página anterior

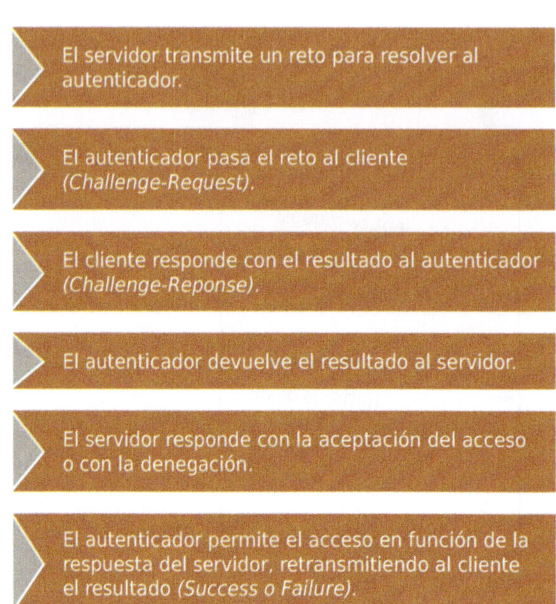

Los principales **protocolos** basados en **EAP** son:

- **EAP-MD5.** Es el más básico de los sistemas de autenticación EAP. La autenticación no se realiza a nivel de usuario sino a nivel de dispositivo, y en la generación de claves se utiliza MD5. Dicha generación de claves no es dinámica. A parte, las credenciales se envían en texto plano y carece de medidas de protección. Por todo ello, es un sistema muy poco seguro.
- **LEAP.** Conocido como *Lightweight Extensible Authentication Protocol.* Fue desarrollado por CISCO y proporciona el mecanismo de retorrespuesta. También se basa en autenticar mediante contraseñas y permite que estas se asignen de forma dinámica. En este sistema de autenticación también se envían las contraseñas sin cifrar. Solo se puede utilizar sobre dispositivos CISCO. Y, aunque es un poco más seguro, también adolece de problemas de seguridad.
- **EAP-TLS.** Este sistema de autenticación, denominado *Transport Layer Security,* es más seguro que los anteriores, ya que requiere de certificados X.509 para autenticar tanto para el cliente como para el servidor. En este tipo de sistemas no tiene sentido hablar de problemas de seguridad del tipo de *Man-In-The-Middle.* Aun así, no soluciona el problema de exposición de la identidad debido a que los certificados son enviados sin cifrar.

⊃ **EAP-TTLS.** EAP-TTLS *(Tunneled TLS)* fue desarrollado por *Funk Software* y es una extensión de EAP-TLS. Está orientado para su uso con servidores RADIUS, pero puede utilizar sistemas de autenticación complementarios. Ofrece autenticación fuerte mutua pero, a diferencia de EAP-TLS, solo necesita de certificados para el servidor. El cliente se identifica mediante usuario y contraseñas cifradas.

FASE I: Establecimiento de túnel seguro

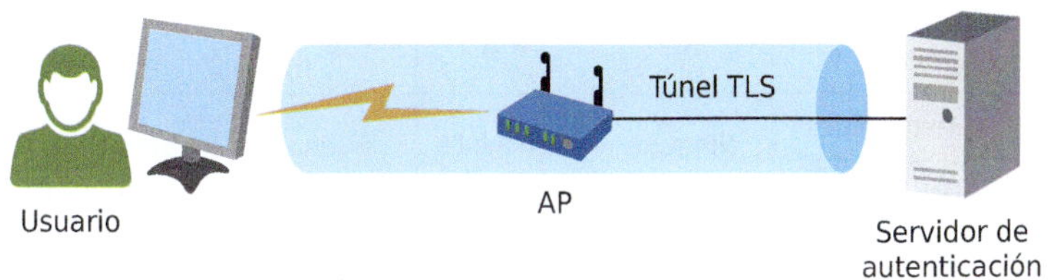

FASE II: Autenticación

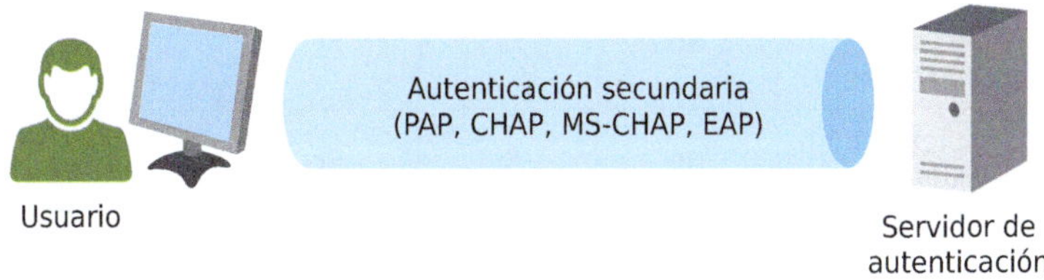

En la primera fase, el cliente consigue un canal seguro, pero no necesita identificarse aún. Tras esto, el cliente envía las credenciales en una segunda fase y si no son válidas, el canal se destruye.

⊃ **EAP-PEAP.** Este sistema de autenticación *(Protected EAP)* es obra de *Microsoft*. Se encuentra disponible para *Windows XP SP1*. Su funcionalidad es parecida a EAP-TTLS pero no encapsula la autenticación secundaria en la segunda fase. Otra diferencia es que las credenciales del usuario se envían cifradas.

Aquí podemos ver un cuadro con las **diferencias más importantes** entre los sistemas de autenticación más utilizados de la familia **EAP.**

Comparativa de la familia de protocolos EAP

Tema	EAP-MD5	LEAP (Cisco)	EAP-TLS (MS)	EAP-TTLS (Funk)	EAP-PEAP
Solución de Seguridad	Estándar	Patente	Estándar	Estándar	Estándar
Certificados-Cliente	No	N/A	Sí	No (opcional)	No (opcional)
Certificados-Servidor	No	N/A	Sí	Sí	Sí
Credenciales de Seguridad	Ninguna	Deficiente	Buena	Buena	Buena
Soporta Autenticación de Base de Datos	Requiere Borrar la Base de Datos	Active Directory, NT Domains	Active Directory	Act. Dir., NT Domains, Token Systems, SQL, LDAP	---
Intercambio de llaves dinámicas	No	Sí	Sí	Sí	Sí
Autenticación Mutua	No	Sí	Sí	Sí	Sí

 **TAREA 9**

Una empresa quiere implantar un sistema de seguridad informática que permita minimizar las pérdidas que está sufriendo en su producción debido, principalmente a ataques que provienen de su interior. Para ello, se pregunta a varias empresas encargadas de asesorar sobre seguridad informática, y la mayoría proponen un sistema de autenticación para los empleados junto a un control de cámaras de seguridad que permita grabar todo lo que ocurre en aquellos puestos críticos que tiene que ver con la manipulación del producto. La empresa está formada por cuatro departamentos: RR. HH., Contabilidad, Producción e Ingeniería.

Si cada departamento debe tener su propio sistema de autenticación, plantea todos los sistemas de autenticación necesarios para la empresa y elabora un diagrama con la estructura de red que implementarías. Ten en cuenta que a la hora de elegir un sistema de autenticación u otro cada departamento tiene

Continúa en página siguiente >>

<< Viene de página anterior

unas necesidades diferentes de tratar la información de autenticación, por lo que necesitarás determinar cuál o cuáles son los sistemas que mejor se adaptan a cada uno de ellos.

7. Sistemas biométricos

 **HILO CONDUCTOR**

Sergio conoce los principales problemas de seguridad de los sistemas de autenticación basados en contraseñas y decide implantar en la empresa otras técnicas más vanguardistas. Para ello, se ha documentado bien y cree que es hora de implantar un sistema de identificación por huella dactilar, que es un sistema que pertenece a la categoría de sistemas de autenticación biométricos.

Parece que **la tendencia en un futuro es que los sistemas de información utilicen nuestro cuerpo como contraseña,** ya que el resultado que se obtiene garantiza eliminar muchos de los problemas de seguridad informática de la actualidad.

Los **sistemas biométricos** están basados en identificar el usuario o cliente mediante el reconocimiento de una característica física del mismo, ya sea la huella dactilar, la retina del ojo o los rasgos faciales. Esto ha podido ser así debido a los avances experimentados en inteligencia artificial y el desarrollo de diferentes ramas de la informática que estudian nuevos métodos para la identificación y clasificación humana.

En cualquier caso, los sistemas biométricos se basan en **cuatro fases:**

Captura
- En esta fase, el sistema de autenticación obtiene un primer modelo de representación del rasgo biométrico a utilizar en la identificación. El modelo podría ser la imagen del iris del ojo, el sonido de una conversación, etc.

Continúa en página siguiente >>

<< Viene de página anterior

Extracción
- Tras la captura, se extrae la representación digital del modelo de representación que permite aplicar las técnicas matemáticas necesarias para obtener los patrones con los que comparar posteriormente.

Comparación
- En esta fase, se comparan los patrones anteriores para determinar qué registros presentan ocurrencias y en qué cantidad.

Decisión
- De entre todos los registros que presentan coincidencias en los patrones, se selecciona aquel que alcanza el menos valor de desvío entre los patrones coincidentes. Sería el candidato final y correspondiente al individuo identificado.

Los **sistemas más comunes** son:

Verificación de voz
- La voz es una característica única también en una persona. Los sistemas de verificación de voz analizan la longitud de onda, amplitud y frecuencia de nuestro sonido con el fin de encontrar patrones digitales comunes y determinar nuestra identidad.

Verificación de escritura
- TEs un sistema que permite analizar la representación gráfica de una firma o texto escrito mediante análisis de los patrones de dibujo almacenados en base de datos, y averiguar la identidad de la persona que las realizó.

Verificación de huellas
- Los sistemas de verificación de huellas dactilares permiten obtener la representación digital de una huella humana, contrastarla con todas las almacenadas en una base de datos y decidir a qué identidad pertenece.

Continúa en página siguiente >>

<< Viene de página anterior

> **Verificación de patrones oculares**
> - Los sistemas de verificación de patrones oculares verifican nuestra identidad, utilizando la representación digital del escaneo de nuestro iris o retina. Después, el procesamiento matemático analiza dicha representación y obtiene los patrones que determinarán la correspondencia con la identidad almacenada.

8. Resumen

Como ya hemos comentado, con el aumento de los servicios en internet basados en la identificación, especialmente los relacionados con redes sociales, la necesidad de definir límites entre lo público y privado adquiere una importancia capital.

En esta unidad de aprendizaje hemos descrito los **principales protocolos** con los que se construyen la mayoría de los sistemas de autenticación que existen y que, sin darnos cuenta, utilizamos todos los días. También sabemos más acerca de qué ventajas tienen unos sobre otros, y por qué y para qué se utilizan con más frecuencia.

Los sistemas de autenticación que hemos visto al comienzo de la unidad: **CHAP** y **PAP** son utilizados a bajo nivel por muchísimos sistemas de autenticación más avanzados.

Sistema de autenticación PAP

Sistema de autenticación CHAP

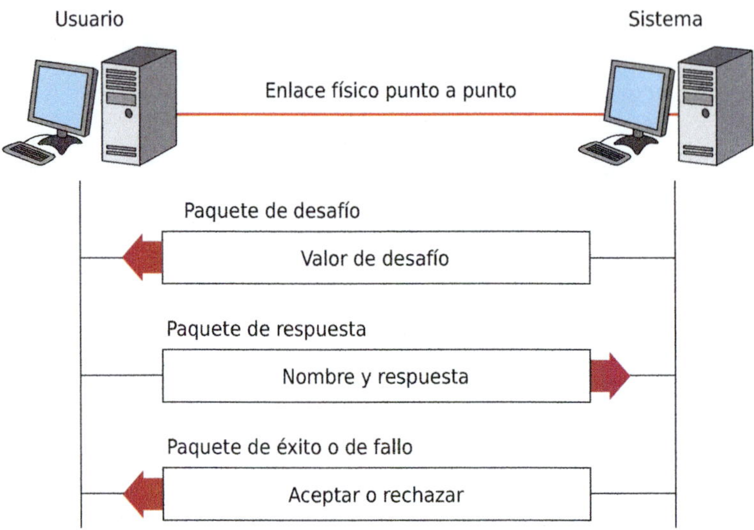

Los sistemas de autenticación **RADIUS** y **802.1x** son protocolos más sofisticados que permiten centralizar la gestión de usuarios. En el caso de **RADIUS** es utilizado mayormente por proveedores de servicio de telecomunicaciones y por empresas privadas. Mientras que el sistema **802.1x** está más orientado a proporcionar un sistema de autenticación a nivel de **LAN.**

Autenticación 802.1x y RADIUS en combinación

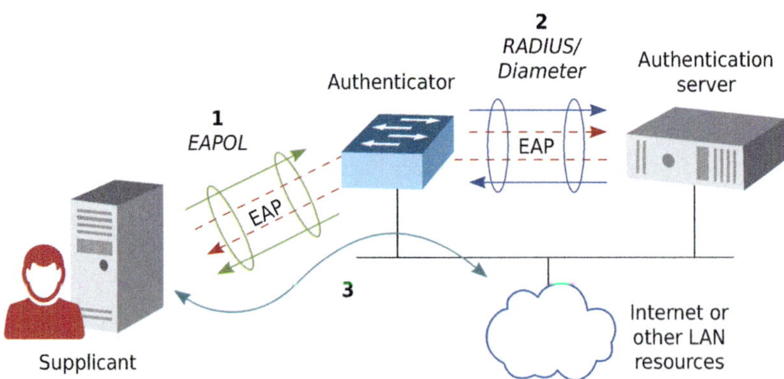

Hemos visto después la familia de sistemas de autenticación **EAP,** con sus múltiples variantes define una especificación de qué es lo que debe hacer un sistema de autenticación fiable y robusto para cumplir con los principios de seguridad de la información.

Finalmente, nos hemos detenido en comentar los **sistemas de autenticación biométricos** que tanto se están poniendo de moda y para los que se augura un futuro muy prometedor. Debemos tener en cuenta que estos sistemas permiten simplificar y optimizar los sistemas de autenticación clásicos, a cambio de un pequeño coste en *hardware* que estamos seguros que será una pieza clave a resolver en los años venideros.

Ejercicios de autoevaluación
Unidad de Aprendizaje 4

1. **¿Cuáles son los tres elementos presentes siempre en un proceso de autenticación?**

   a. Elementos primarios, secundarios y terciarios.
   b. Elementos activos, pasivos y retroactivos.
   c. Elementos activos, pasivos y procesos.
   d. Cliente, servidor y clave.

2. **¿Cuál de estas definiciones corresponde al concepto de autenticación?**

   a. Acción para certificar que el usuario es quien dice ser.
   b. Acción por la cual el usuario o entidad se da a conocer en el sistema.
   c. Acción que consiste en dar acceso a una serie de recursos a un usuario o sistema (para ello, el usuario o el sistema previamente tendrán que haberse autenticado).
   d. Acción por la cual el usuario o entidad no se da a conocer en el sistema.

3. **¿A qué sistemas de identificación corresponde el uso de tarjeta inteligente y código PIN?**

   a. A los sistemas de autenticación de 1 factor.
   b. A los sistemas de autenticación de 2 factores.
   c. A los sistemas de autenticación de 3 factores.
   d. A ninguno de los anteriores.

4. **Determina si la siguiente oración es verdadera o falsa: "Los protocolos PAP y CHAP permiten la autenticación entre sistemas".**

   ■ Verdadero
   ■ Falso

5. RADIUS es un protocolo que permite realizar las siguientes acciones:

    a. Autenticación, autorización y contabilización.
    b. Autenticación y autorización.
    c. Autenticación.
    d. Autenticación e identificación.

6. Determina si la siguiente oración es verdadera o falsa: "El proceso de contabilización en RADIUS comienza antes del proceso de autenticación".

    ■ Verdadero
    ■ Falso

7. En el protocolo 802.1x, el autenticador...

    a. ... envía un paquete "de solicitud/identidad EAP (Request/Identity)" para el suplicante tan pronto como detecta que el enlace está activo (por ejemplo, el sistema solicitante se ha asociado con el punto de acceso).
    b. ... envía un desafío al autenticador.
    c. ... proporciona identidad propia, el servidor de autenticación responde con un mensaje de éxito.
    d. ... envía un desafío al servidor.

8. Determina si la siguiente oración es verdadera o falsa: "En la familia de protocolos EAP, el cliente se identifica mediante un paquete de tipo *identify-response*".

    ■ Verdadero
    ■ Falso

9. ¿Cuáles de estos grupos son protocolos de la familia EAP?

    a. EAP-MD6, LEAP, EAP.
    b. EAP-MD5, LEAP, EAP-TLS, EAP-TTLS, EAP-PEAP.
    c. EAP-MD5, LEAP, CHAP, PAP.
    d. RAIDUS, LEAP, CHAP.

10. **Determina si la siguiente oración es verdadera o falsa: "Los sistemas biométricos están basados en identificar al usuario mediante una clave o palabra de paso".**

   ■ Verdadero
   ■ Falso

Redes virtuales privadas

Contenido

1. Introducción
2. Beneficios y características
3. IP Sec
4. VPN con SSL-TLS
5. Resumen

Objetivos

El objetivo general de esta Unidad de Aprendizaje es:

→ Conocer en qué consiste una red virtual privada y cómo utilizarla para garantizar la seguridad de la información.

Los objetivos específicos de esta Unidad de Aprendizaje son:

→ Aprender los fundamentos de VPN.

→ Saber instalar y configurar una VPN.

→ Hacer uso de una VPN.

1. Introducción

Internet ha cambiado el mundo, las compañías ahora tienen mentalidades expansionistas, antes la filosofía era ampliar el mercado localmente, mientras que ahora se busca maximizar esa expansión fuera de nuestras ciudades y, a veces, fuera de nuestras fronteras. En definitiva, el mercado se ha globalizado.

Pero para mantener el factor de competitividad, una empresa necesita **facilidad, rapidez** y **seguridad** en sus comunicaciones donde quiera que se encuentren sus oficinas o departamentos.

Los métodos tradicionales de acceso remoto y creación de redes corporativas resultaban ser bastante costosos. Antes, las empresas debían usar líneas alquiladas para mantener una extensa red de área ancha (WAN) que permitiese la interconexión entre todos sus departamentos. La ventaja de estas redes es que permitían la conexión entre zonas geográficas muy distantes entre sí.

Sin embargo, la creación y mantenimiento de este tipo de redes era demasiado costosa. Y puesto que las redes públicas resultan ser mucho más económicas que las privadas, se buscaron maneras de poder establecer una red privada dentro de una red pública. Lo que se conocen como redes virtuales privadas (VPN).

Una VPN combina los conceptos de red virtual y red privada. Se dice virtual porque se trata de una arquitectura a nivel lógico sobre infraestructura física con diferente distribución. Se dice privada porque solo aquellos dispositivos habilitados para ello pueden acceder a la red.

El resultado final es que un usuario de una red virtual no será capaz de detectar la red física, él solo podrá ver la red virtual. Desde el punto de vista del administrador de sistemas, la VPN es una conexión punto a punto entre el cliente VPN y el servidor VPN.

A continuación, aprenderemos los fundamentos de las VPN desde un punto de vista teórico y práctico. Con la ayuda de Sergio, instalaremos y configuraremos una verdadera VPN para la empresa con el fin de establecer un mecanismo seguro y confiable para sus comunicaciones y repasaremos algunos conceptos importantes de seguridad.

2. Beneficios y características

☞ HILO CONDUCTOR

En la empresa, Sergio se ha enterado de los beneficios del uso de VPN corporativas y quiere implantar una que permita a sus empleados usar los programas de gestión (CRM), sin necesidad de definir una configuración distinta para cada departamento y oficina distribuida por el país.

Las **VPN** ofrecen la posibilidad de que equipos que están muy lejos, en distintas zonas geográficas, puedan formar parte de una red privada. Estas redes proporcionan múltiples servicios de autenticación, cifrado, firma digital y, al mismo tiempo, garantizan la integridad y confidencialidad de la información que viaja por ellas.

2.1. Arquitectura

En las VPN las conexiones entre los extremos de la red se denominan **túneles,** principalmente porque ocultan la información sobre la red compartida que usan, generalmente internet.

Arquitectura de una VPN genérica

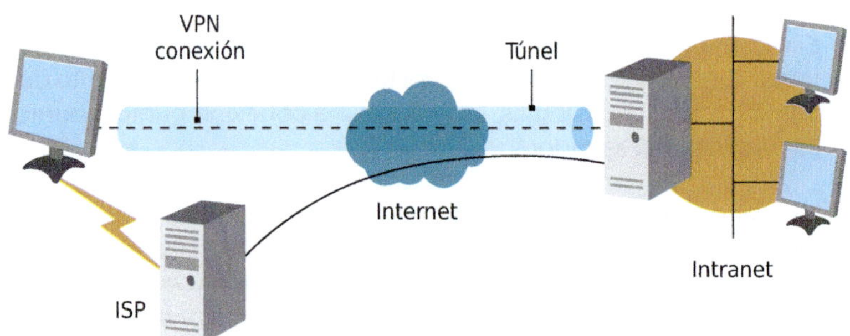

DEFINICIÓN

VPN

Virtual Private Network es un mecanismo para definir redes privadas a nivel lógico sobre redes públicas (infraestructura). De tal forma que los paquetes de comunicación viajan por la red pública encapsulados y cifrados para llegar a los equipos remotos que forman la red privada. Con esto se consigue que los dispositivos que pertenecen a una red privada envíen y reciban datos sobre redes compartidas o públicas simulando una red LAN.

A **nivel de usuario,** la VPN es como una conexión directa entre el equipo del usuario (cliente VPN) y el servidor o equipo de la empresa (servidor VPN). De forma que el usuario percibe la conexión como si se encontrará en una red LAN. La infraestructura compartida para lograr la conexión es irrelevante para el usuario.

Equivalencia a nivel lógico de una VPN genérica

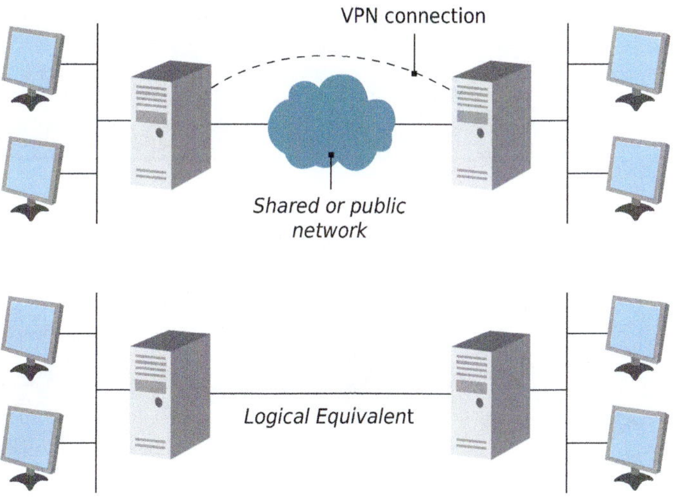

Como al final, la información debe viajar a través de un medio compartido, y en la mayoría de las ocasiones ese medio es público, el concepto de seguridad está muy ligado a este tipo de redes. Ya sabemos que en internet existen muchas personas malintencionadas dispuestas a robar información, y es por ello por lo que las VPN tienen que defenderse utilizando mecanismos de autenticación y encriptación más sofisticados.

Los componentes básicos de una VPN son:

Servidor VPN
- Es el elemento o entidad que recibe la petición de conexión por parte del cliente VPN y, a partir del proceso de autenticación, permite establecer la conexión punto a punto del cliente VPN con la red privada o bien rechazar la petición.

Túnel
- Se refiere al concepto de encapsulación y cifrado de la información que viaja por el medio compartido y que pertenece a la VPN. Se establece un túnel cuando un cliente VPN está conectado a la red VPN.

Red pública
- Es el medio compartido que utiliza la VPN para la transmisión de la información.

Cliente VPN
- Es el elemento o entidad que establece la conexión para acceder a la VPN. Realiza algún proceso de autenticación previo y cuando gana dicho acceso es capaz de comunicarse dentro de la red privada.

Componentes de una VPN

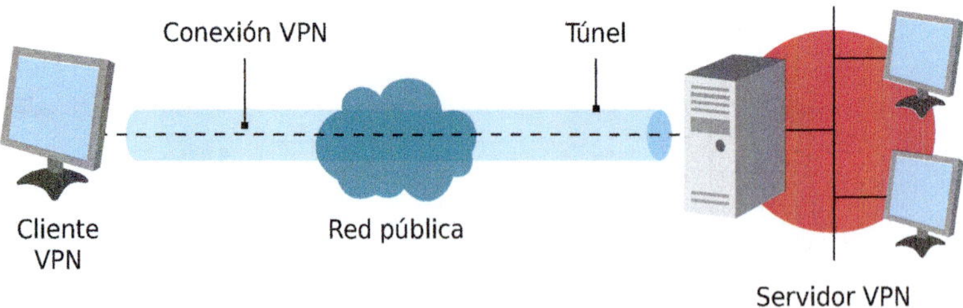

Los tipos de **VPN** que dependen del tipo de arquitectura que establecen:

- **VPN acceso remoto.** En una **VPN de acceso remoto** los usuarios se conectan mediante un cliente VPN al servidor, utilizando unas credenciales. Una vez autenticado por el servidor, el usuario tiene acceso completo a la red privada como si de una red local se tratara.

Arquitectura de una VPN de acceso remoto

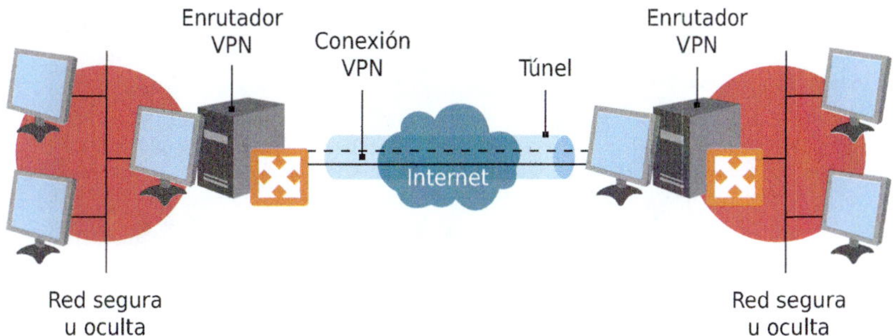

- **VPN punto a punto.** Este tipo de VPN permiten conectar equipos, oficinas remotas o departamentos que se encuentran en zonas geográficas distintas, de forma que todos ellos se conectan al servidor VPN que es el que establece la conexión punto a punto el túnel VPN para cada uno de ellos formando la red privada virtual. Este tipo de redes se sirven de internet para realizar las conexiones y la transmisión de la información.

Arquitectura de una VPN punto a punto

➲ **VPN sobre LAN.** Se trataría de una **VPN normal** pero cuya red compartida no es internet. En este caso, la VPN se establece en una red LAN interna de la corporación que permite dotarla de seguridad en las comunicaciones. Por lo general, se suele utilizar en aquellas redes wifi que necesitamos que sean seguras dentro de la corporación, aunque también se utilizan para limitar la comunicación interna entre departamentos que necesitan manejar información confidencial y crítica para los activos empresariales.

Arquitectura de una VPN sobre LAN

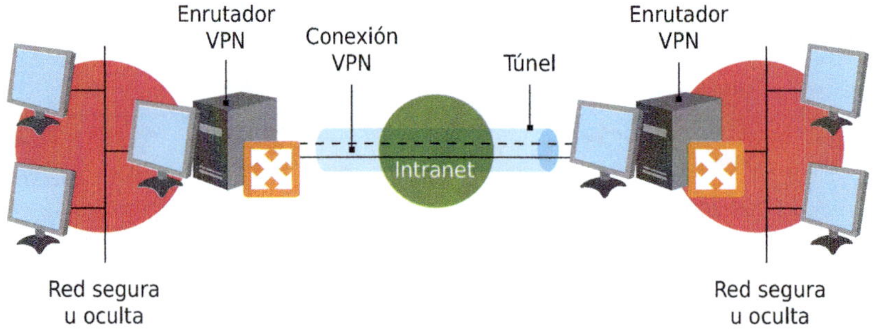

Otra forma de clasificar los tipos de VPN es pensando en el **tipo de implementación** que los lleva a cabo:

VPN de *firewall*
- Una VPN basada en *firewall* simplifica la arquitectura de la VPN, ya que se establece la configuración de una VPN en un único punto. Es el *firewall* el que se encarga de la encapsulación, conexiones entrantes y salientes, filtrando la comunicación.

VPN de *router* y de concentrador
- Es el mismo tipo de VPN de *firewall* pero, en este caso, la gestión de la VPN recae sobre el *router* o concentrador. Empresas como CISCO, Nortel o 3Com implementan este tipo de servicios en sus dispositivos, permitiéndolos que utilicen tecnologías VPN y métodos de autenticación y cifrado para proteger la información.

Continúa en página siguiente >>

<< Viene de página anterior

VPN de sistema operativo
- En este caso, son los sistemas operativos los que proporcionan servicios para configurar e implementar VPN de forma nativa. La ventaja principal es la alta versatilidad a la hora de utilizar servicios adicionales a las VPN, además de mejorar los sistemas de autenticación y seguridad en el sistema operativo. Suelen utilizarse para VPN de acceso remoto.

VPN de aplicación
- Otra forma de implantar una VPN es utilizar una aplicación. Esta aplicación añade la posibilidad al sistema operativo para configurar y establecer VPN. La aplicación añade seguridad extra a la que pueda proporcionar el sistema operativo. La desventaja es que suelen ser más lentas.

VPN de proveedor
- Este tipo de VPN son las proporcionadas por los proveedores de servicios de internet (ISP). En estos casos, se basan en tecnologías como X.25 y *Frame Relay*. El cliente al realizar la conexión con el ISP este le entrega una línea virtual para la comunicación conocida como circuito virtual. El proveedor también puede aplicar tarifas de uso de datos a través de la línea virtual, dependiendo del volumen de datos y tiempo de transmisión.

ACTIVIDAD COMPLEMENTARIA

16. Busca por internet algunas plataformas VPN que te ayude a utilizar internet de forma anónima y utiliza alguna. Antes de darte de alta en una plataforma VPN utiliza IP *Leak* (https://ipleak.net/) para ver qué IP tienes asignada. Tras realizar la conexión por VPN vuelve a comprobar en IP *Leak* cuál es tu dirección IP actual. ¿Es diferente?

2.2. Protocolos VPN

Los **protocolos VPN** son los que, a final de cuentas, determinan cómo son enviados los datos desde el equipo del cliente VPN al servidor VPN y viceversa. Se encargan de definir la encapsulación y cómo usar el tipo de cifrado para asegurar que dicha información llega a su destino, cumpliendo los objetivos de seguridad y el fin para el que se implantó la VPN. Por ello, se denominan protocolos de túnel.

La **encapsulación** se puede hacer a dos niveles diferentes: a nivel de **conexión** o a **nivel de red**

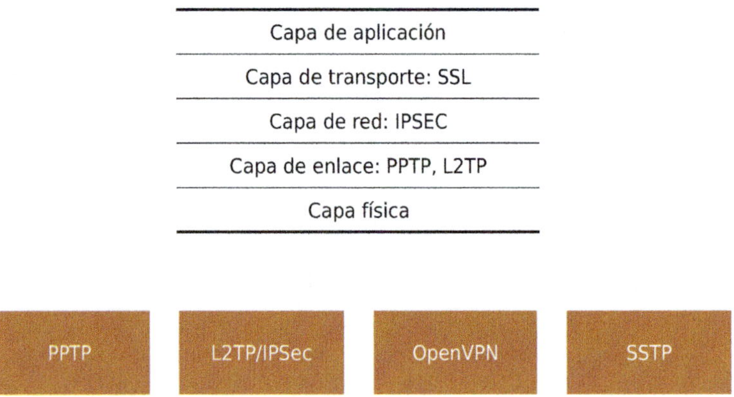

PPTP

PPTP *(Point-To-Point Tunneling Protocol)* es un protocolo de comunicaciones que no es un estándar, pero se ha estado utilizando para VPN desde el principio de sus orígenes. PPTP fue desarrollado por *Microsoft* y se puede clasificar como un protocolo de la capa de red, que utiliza un canal de control sobre TCP y crea túneles GRE para encapsular paquetes PPP en datagramas IP.

No cuenta con servicio de autenticación ni cifrado en sí mismo, sino que depende de los sistemas de autenticación y cifrado que implemente el protocolo PPP:

- **Autenticación de usuario PPP:** PAP, CHAP, MS-CHAP, MS-CHAPv2, EAP.
- **Confidencialidad y cifrado PPP:** MPPE. RC4 con claves de 40 o 128 bits.

Datagrama IP encapsulado por PPTP

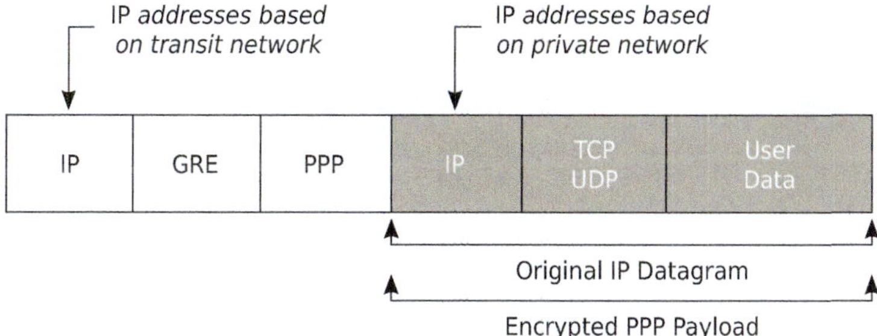

L2TP/IPSec

L2TP *(Layer 2 Tunneling Protocol)* es otro de los protocolos que se pueden utilizar para definir e implementar VPN. En este caso, L2TP surge como mejora del protocolo **L2F** *(Layer 2 Forwarding Protocol)* y PPTP. Al igual que PPTP no ofrece funcionalidad de encriptación y autenticación propios. Para evitar los problemas de seguridad derivados de los protocolos PPTP usando PPP, se desarrolla **IPsec.** El cual complementa el protocolo L2TP proporcionándole los mecanismos de autenticación y encriptación necesarios para una comunicación segura.

Datagrama IP encapsulado por L2TP

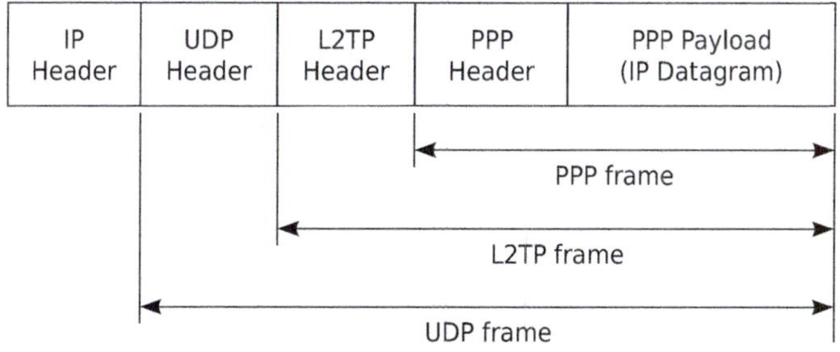

Datagrama L2TP con IPSec

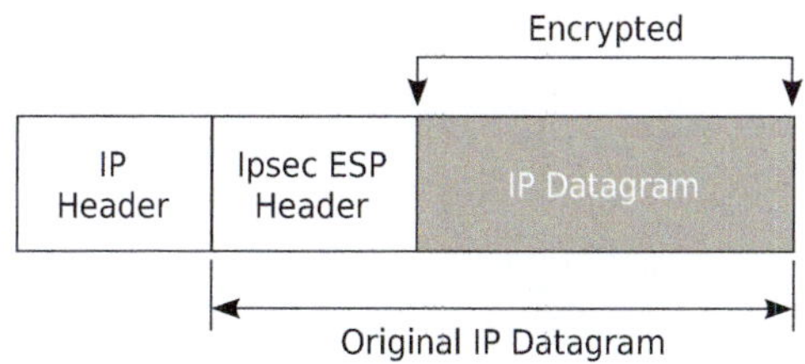

Secuencia de encapsulación de datagramas en L2TP

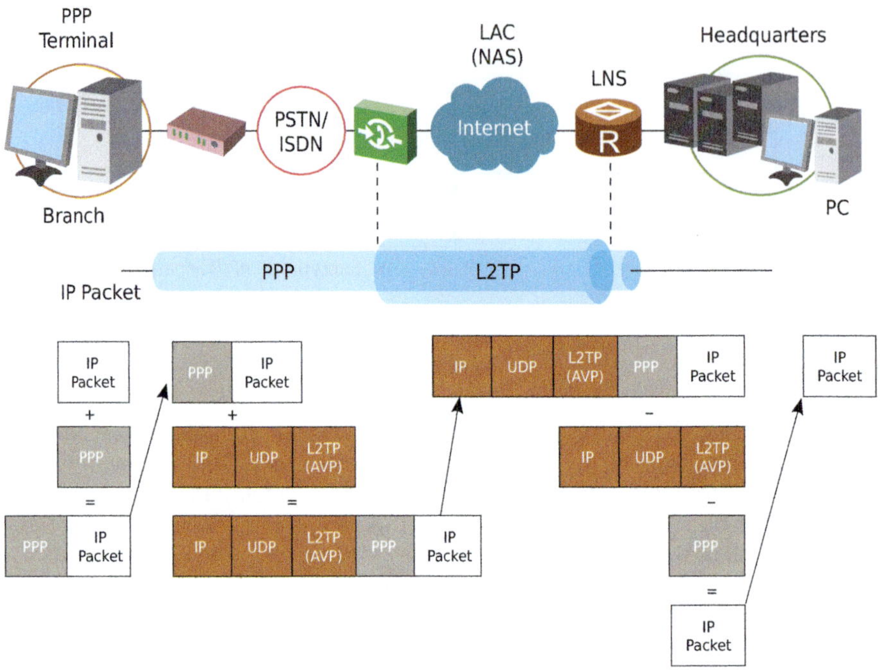

OpenVPN

Es un sistema para definir e implantar VPN. Utiliza **OpenSSL** y **SSL/TSLv1** sobre el puerto 443. Aunque es posible desviar todo el tráfico enviado a través de túneles **OpenVPN** por puertos diferentes. Al ser el puerto 443 el mismo utilizado para las conexiones HTTPS, los ISP no pueden distinguir que se esté utilizando conexiones VPN y no pueden filtrar el tráfico. OpenVPN permite usar el protocolo TCP o UDP indistintamente, lo que ayuda a convertirlo en un sistema mucho más rápido que otros protocolos VPN.

OpenVPN es una solución completa para redes VPN. Está compuesta de cliente y servidor VPN, así como de herramientas para configurar un tipo de VPN basado en SSL-TLS.

Arquitectura cliente/servidor en OpenVPN

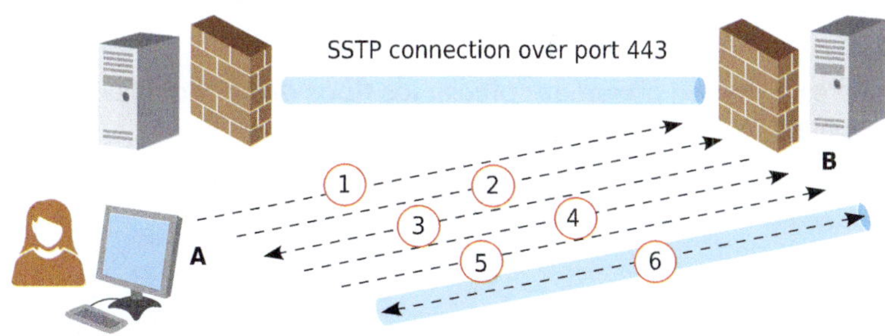

SSTP

SSTP *(Secure Socket Tunneling Protocol)* es un protocolo desarrollado por *Microsoft* y que apareció por primera vez con *Windows* Vista *Service Pack* 1. Es muy parecido a OpenVPN porque también usa SSL v3 para los sistemas de autenticación y encriptación. La diferencia fundamental con respecto a OpenVPN es que no permite ser auditado completamente. Es quizás más rápido por estar desarrollado de forma nativa para *Windows*.

Comunicación punto a punto sobre SSTP

1. TCP connection is established from A to B
2. SSL negotiation. Server certificate obtained and verified
3. SSTP control over HTTPS is sent
4. PPP connection and authentication, client is authenticated to server
5. Authentication verified bind to IP for traffic exchange
6. Traffic is encapsulated from point A to point B typically using PPP over SSTP

En la siguiente tabla enumeramos las **ventajas** y **desventajas** del uso de VPN:

Ventajas	Inconvenientes
- La gran mayoría de tipos de VPN permiten enrutar todo el tráfico de internet, a diferencia de los servidores *proxy*, de forma que las aplicaciones que usan las comunicaciones no perciben ninguna diferencia. - La activación y desactivación de la VPN es un mecanismo muy fácil a nivel de *software*, basta con varios clics de ratón o ejecutar un comando de *Linux*. - Permite garantizar la seguridad adicional en puntos de acceso wifi cuando se encuentre cifrada. - Permite convertir la conexión en anónima, con lo cual se puede evitar la censura o acceder a contenido limitado en ciertas regiones. - Permite que el ISP (proveedor de internet) no pueda filtrar el tráfico que sale de tu línea porque no entiende el contenido. De esta forma, no puede restringir tus conexiones a programas P2P entre muchas otras cosas.	- El uso de VPN gratuitos es posible, pero se encuentra muy limitados, por lo que, si queremos utilizar un servicio más avanzado toca pagar. - La VPN se resiente cuando la distancia que tienen que recorrer los paquetes es larga. La latencia se dispara en estas ocasiones. - En una VPN la seguridad está garantizada hasta cierto punto. No es infalible y, aunque está dotada de fuertes mecanismos de seguridad, siempre será vulnerable a ataques. - El anonimato a veces no se puede conseguir, sobre todo en conexiones de móvil debido a la posibilidad de triangularizar y aproximar la ubicación.

En esta imagen podemos apreciar los **tipos de VPN** que algunos sistemas operativos son capaces de desplegar:

Compatibilidades entre sistemas operativos y tipos de VPN

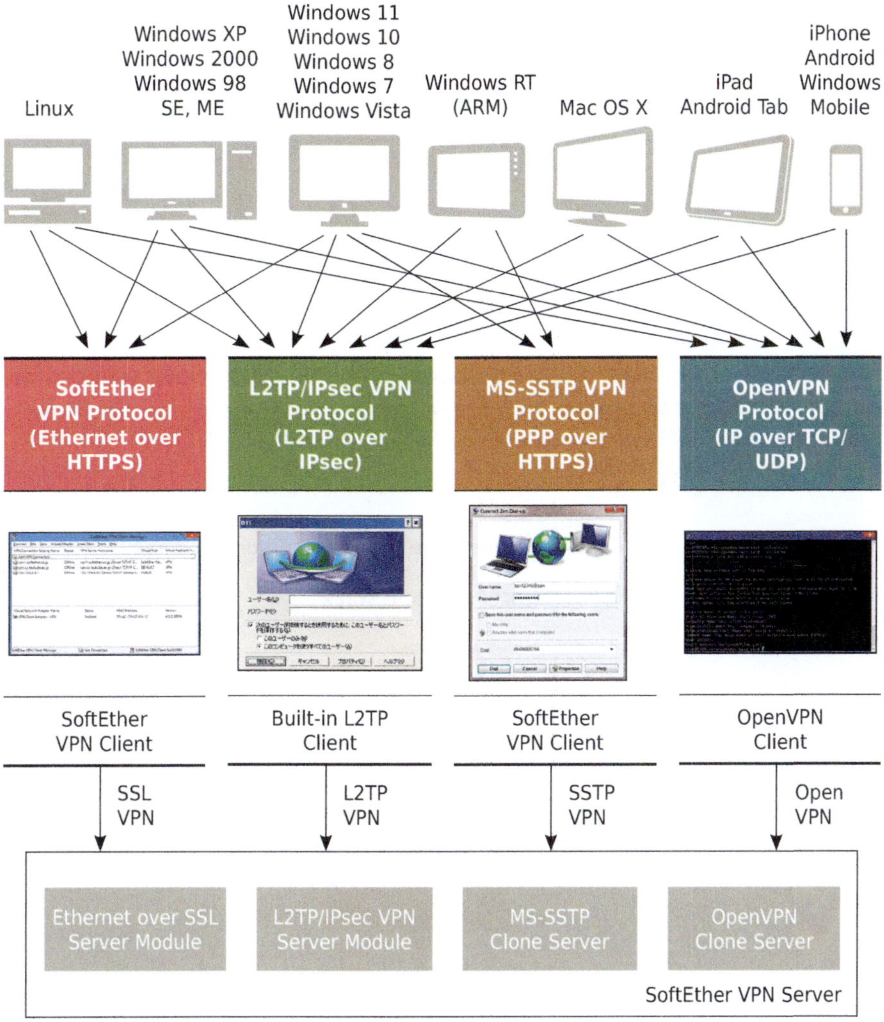

TAREA 10

En la empresa en la que trabajas como informático, necesitan que los empleados tengan la posibilidad de conectarse desde sus casas a la red corporativa en

Continúa en página siguiente >>

<< *Viene de página anterior*

algún momento. Para ello, te han encomendado la tarea de crear credenciales para cada uno de los trabajadores. Utiliza un servidor de VPN gratuito y *online.* Crea cinco perfiles distintos e intenta probarlos todos desde dispositivos tan diferentes como un PC, *tablet* o móvil.

3. IP Sec

IPSec es un protocolo apoyado por la IETF, que proporciona servicios de seguridad a la capa 2 (IP) y a la capa 3 (TCP) del modelo TCP/IP. Se ha convertido en estándar y soluciona las carencias de seguridad que venía arrastrando el protocolo IP.

IPSec dentro del modelo de capas de comunicaciones

TCP/IP/IPsec Stack

APPLICATION

TCP/UDP

IP/IPsec

Link Layer

Physical Layer

Debido a sus características ofrece varios **beneficios** a las comunicaciones:

| Acceso seguro y transparente de un nodo IP remoto | Facilita el comercio electrónico | Permite dotar a VPN de una mejor seguridad |

IPSec proporciona algoritmos de cifrado y un conjunto de técnicas que permiten asegurar la **confidenciabilidad, integridad** y **autenticidad** de la información que viaja en datagramas IP.

Tecnologías de IPSec

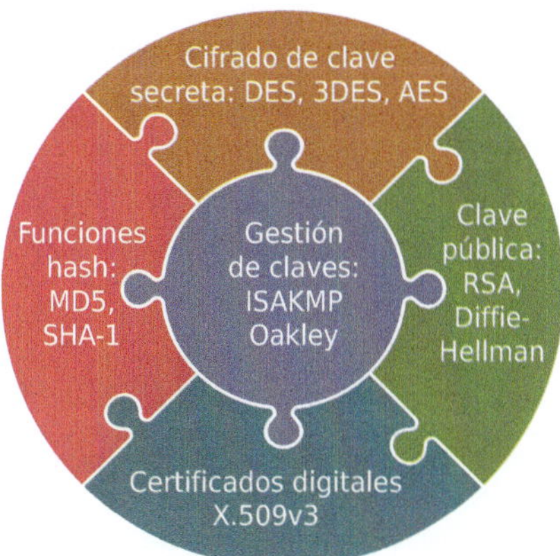

Dentro de IPSec se puede especificar el conjunto de tecnologías que se deben usar en las comunicaciones para garantizar la seguridad. Arriba podemos ver algunas de las que hoy en día implementa, pero se pueden utilizar otros algoritmos más seguros, dependiendo del entorno de las comunicaciones.

Dentro de **IPSec** encontramos varios **componentes** importantes:

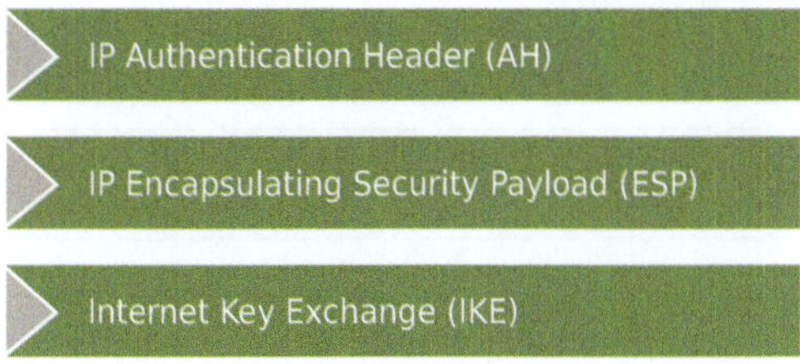

3.1. Protocolo AH

Con el **protocolo AH** *(Authentication Header),* IPSec garantiza la integridad y autenticación de los datagramas IP. O lo que es lo mismo, asegura al receptor que los datos provienen de un origen conocido y que no han sido alterados mientras viajaban por la red. Sin embargo, este protocolo no dice nada sobre la confidencialidad de esos datos.

Básicamente, es una cabecera que se inserta entre la cabecera IP y los datos que se quieren enviar, ya sea como mensaje TCP, UDP, ICMP o IP completo.

Formato de datagrama con protocolo AH de IPSec

El **funcionamiento** es muy simple: se aplica una función *hash* a los datos de envío y a una clave, lo que devuelve una cadena de caracteres (MAC) que tiene la propiedad de ser como una huella personal asociada a los datos y persona que la ha generado.

Esa información viaja en la cabecera AH dentro del datagrama IP. Cuando lo recibe el receptor, aplica la misma función *hash* a los datos y junto a la clave que comparten compara el resultado con el que viajaba en la cabecera AH. Si coinciden, entonces el receptor puede estar seguro de que los datos fueron enviados por quien dice que los envío y, además, se asegura de que no se han manipulado durante su viaje.

Proceso de encapsulación con protocolo AH de IPSe

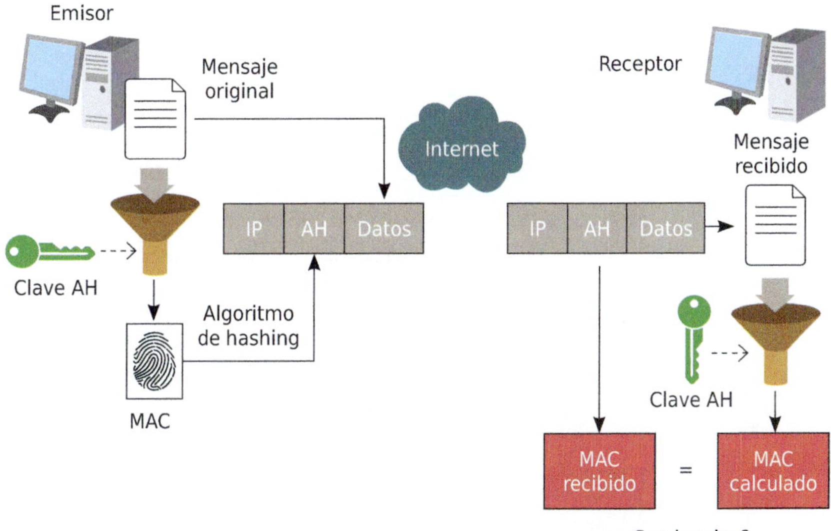

3.2. Protocolo ESP

El **protocolo ESP** se encarga de dotar de confidencialidad a la información que viaja en datagramas, pero al mismo tiempo es capaz de proporcionar todos los servicios de AH. Por lo tanto, podemos decir que es mucho más completo. Para conseguir la confidencialidad utiliza un algoritmo de cifrado de clave simétrica, típicamente de cifrado de bloque.

También se trata de una cabecera que se incorpora al datagrama IP:

Formato de datagrama con protocolo ESP de IPSe

El **protocolo ESP** toma el mensaje del emisor y lo cifra utilizando una clave. Lo incluye en el datagrama IP tras la cabecera ESP. Si el paquete es interceptado solo obtendrá un conjunto de bit ininteligibles. Cuando llega el paquete, el receptor aplica el algoritmo de cifrado con la misma clave para obtener los datos originales.

Proceso de encapsulación con protocolo ESP de IPSe

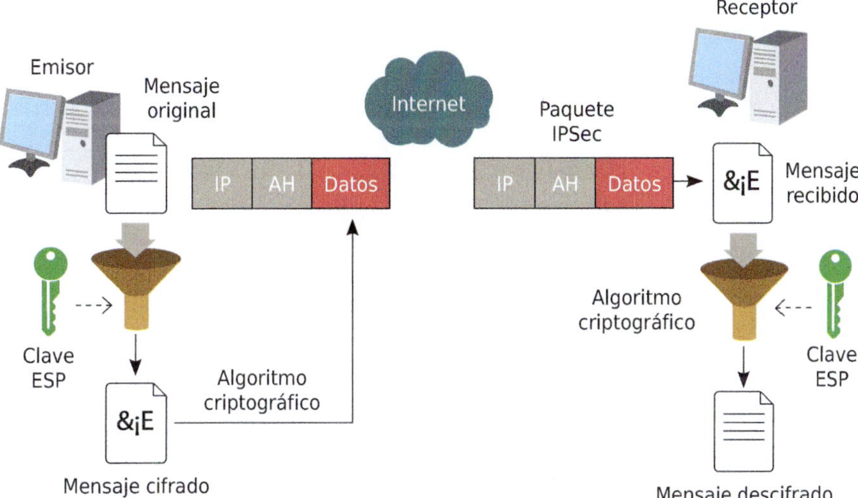

Por lo tanto, la seguridad en IPSec depende de la distribución segura de claves entre el emisor y el receptor. Además, ambos deben llegar al acuerdo de qué algoritmo de cifrado y función *hash* se va a utilizar en la comunicación. Todas estas funciones las lleva a cabo mediante un sistema de negociación el protocolo denominado **IKE**.

3.3. Protocolo IKE

Para la comunicación, IPSec establece una conexión unidireccional, es decir, en un solo sentido. Por lo tanto, si dos dispositivos necesitan intercambiar mensajes cada uno abrirá su propia conexión unidireccional para recibir los paquetes. Sin embargo, para que ambos dispositivos utilicen los mismos algoritmos criptográficos y parámetros de configuración es necesario que exista un acuerdo previo entre ellos. Esto se puede hacer o bien manual, o bien de forma automática.

La **IETF** ha definido el **protocolo IKE** para que esta configuración inicial pueda realizarse de forma automática. Esta negociación se lleva a cabo en dos fases:

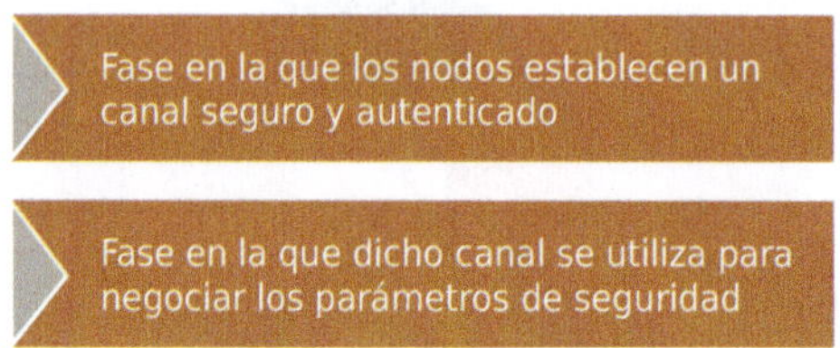

Operaciones que se llevan a cabo por el protocolo IKE

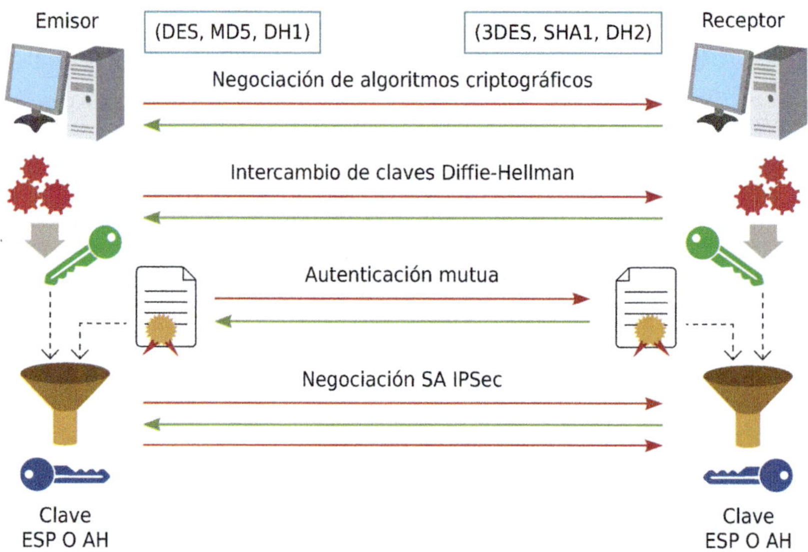

ACTIVIDAD COMPLEMENTARIA

17. Existen ciertos problemas o inconvenientes que se presentan cuando se utiliza IPSec en entornos de red con un número considerable de dispositivos conectados. Busca en internet cuáles son estos problemas.

4. VPN con SSL-TLS

👉 HILO CONDUCTOR

Ninguna de las alternativas vistas hasta ahora parece convencer a Sergio para su implantación en la empresa, por lo que decide estudiar un tipo de VPN basado en SSL/TLS. Parece que añade un nivel más de seguridad a las comunicaciones.

Ya hemos visto en unidades anteriores que los protocolos SSL-TLS permiten dotar a las comunicaciones de mecanismos de autenticación sofisticados basados en certificados digitales, o certificados emitidos por entidades de autorización.

IPSec permite establecer VPN con conexiones a nivel de capa de red, esto quiere decir que cualquier aplicación vería la comunicación como si su origen estuviera en un dispositivo conectado a la misma LAN. En el caso de VPN con SSL-TLS, la conexión se realiza en una capa superior: **la capa de aplicación de las comunicaciones.** Esto quiere decir que la conexión se realiza a nivel de aplicación. La VPN puede limitarse a una conexión entre aplicaciones y, por lo tanto, para el resto de aplicaciones no existiría la posibilidad de conexión.

Comunicación a nivel de aplicación

La mayoría de las conexiones VPN basadas en SSL-TLS trabajan de la misma manera. Primero, se realiza una conexión TCP al concentrador VPN para que el protocolo SSL pueda negociar y validar el certificado digital. De esta forma, si el certificado es revocado, la conexión no se produce, en otro caso se procede al intercambio de las credenciales de usuario antes de que se establezca el túnel VPN.

Comunicación en VPN con SSL

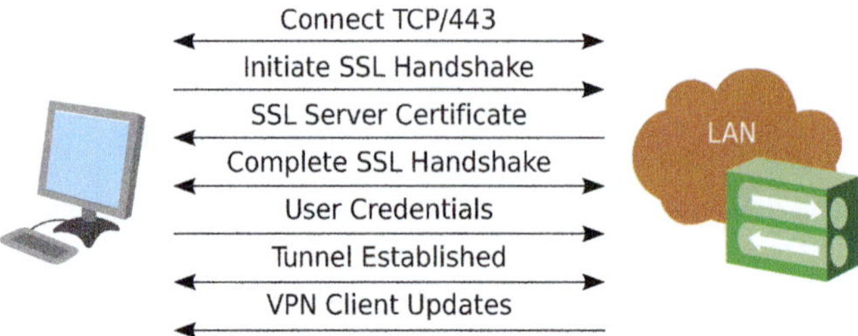

También hay que decir que este sistema no intenta reemplazar a IPSec VPN. Este último se suele utilizar para conexiones punto a punto entre *hardware* especializado y en dispositivos que no soportan SSL VPN, como por ejemplo el *iphone*.

OpenVPN es un ejemplo de cliente y servidor VPN basado en SSL-TLS. A continuación, vamos a ver con un ejemplo la instalación y configuración de OpenVPN.

4.1. Guía de instalación y configuración de OpenVPN

A continuación se expondrán los pasos a seguir para instalar y configurar un VPN.

Paso 1. Instalar OpenVPN

Todo empieza descargando e instalando la herramienta OpenVPN. Para ello, seguimos los siguientes pasos:

- ⮩ Actualizamos el índice de paquetes del servidor. [1]
- ⮩ Instalamos Openvpn. [2]
- ⮩ Instalamos *easy-rsa*, que nos ayudará a configurar una CA interna (autoridad de certificación) para usarla con nuestra VPN. [2]

```
1   $ sudo apt-get update ↵
2   $ sudo apt-get install openvpn easy-rsa ↵
```

Paso 2. Configurar el Directorio de CA

OpenVPN usa TLS/SSL VPN; lo que significa que utiliza certificados en la comunicación entre el servidor y los clientes. Por lo tanto, un primer paso será emitir certificados de confianza. Y, para ello, debemos configurar nuestra propia autoridad de certificación simple (CA):

- Copiamos el directorio de plantillas *easy-rsa* en nuestro directorio personal. [3]
- Nos movemos al directorio recién creado para comenzar a configurar la CA. [4]

Paso 3. Configurar las Variables de CA

Ahora comenzamos con las variables que se utilizarán para definir la entidad certificadora:

- Configuramos los valores que usará nuestra CA, editando el archivo *vars* dentro del directorio. [5]

En este fichero se encuentran algunas variables que se pueden ajustar para determinar cómo se crearán sus certificados:

- Buscamos en el fichero la configuración que establece los valores predeterminados de campo para los nuevos certificados y modificamos sus valores.

```
~/openvpn-ca/vars

...

export KEY_PROVINCE="CA"
export KEY_PROVINCE="CA"
export KEY_CITY="SanFrancisco"
export KEY_ORG="Fort-Funston"
export KEY_EMAIL="me@myhost.mydomain"
export KEY_OU="MyOrganizationalUnit"

...
```

⮑ Editamos el valor KEY_NAME, que rellena el campo de asunto. En este caso lo hemos denominado "server".

```
~/openvpn-ca/vars

...

export KEY_NAME="server"

...
```

Paso 4. Construir el Certificado de autoridad

Tras inicializar las variables procedemos a generar el fichero de la entidad certificadora:

⮑ En el directorio *openvpn-ca*, generamos el archivo *vars* que acaba de editar. [6]

```
6   $ source vars ↵
    NOTE: If you run ./clean-all, I will be doing a rm -rf on /home/sammy/openvpn-ca/keys
```

⮑ Nos aseguramos de que operamos en un entorno limpio escribiendo. [7]
⮑ Generamos nuestra CA raíz. [8]

```
7  $ ./clean-all ↵
8  $ ./build-ca ↵
   Generating a 2048 bit RSA private key
   ...........................................................................................................+++
   .............................+++
   writing new private key to 'ca.key'
   -----
   You are about to be asked to enter information that will be incorporated
   into your certificate request.
   What you are about to enter is what is called a Distinguished Name or a DN.
   There are quite a few fields but you can leave some blank
   For some fields there will be a default value,
   If you enter '.', the field will be left blank.
   -----
   Country Name (2 letter code) [US]:
   State or Province Name (full name) [NY]:
   Locality Name (eg, city) [New York City]:
   Organization Name (eg, company) [DigitalOcean]:
   Organizational Unit Name (eg, section) [Community]:
   Common Name (eg, your name or your server's hostname) [DigitalOcean CA]:
   Name [server]:
   Email Address [admin@email.com]:
```

Ahora se iniciará el proceso de creación de la llave de autoridad de certificado raíz y el certificado. Como ya hemos definido los valores predeterminados en el fichero *vars*, los valores se rellenarán automáticamente. Pulsamos **Enter** para confirmar cada selección.

Paso 5. Crear los certificados del servidor, llaves y archivos cifrados

A continuación, generamos el certificado de servidor OpenVPN y el par de llaves:

➲ Generamos el certificado de servidor OpenVPN y el par de llaves. [9]

```
9   $ ./build-key-server server ↵
    Generating a 2048 bit RSA private key
    ...........................+++
    ..................................................+++
    writing new private key to 'server.key'
    -----
    You are about to be asked to enter information that will be incorporated
    into your certificate request.
    What you are about to enter is what is called a Distinguished Name or a DN.
    There are quite a few fields but you can leave some blank
    For some fields there will be a default value,
    If you enter '.', the field will be left blank.
    -----
    Country Name (2 letter code) [ES]:
    State or Province Name (full name) [MA]:
    Locality Name (eg, city) [Antequera]:
    Organization Name (eg, company) [-]:
    Organizational Unit Name (eg, section) [MyOrganizationalUnit]:
    Common Name (eg, your name or your server's hostname) [server]:
    Name [Server]:
    Email Address [ilvilladar@innovacionycualificacion.com]:
```

```
    Please enter the following 'extra' attributes
    to be sent with your certificate request
    A challenge password []:
    An optional company name []:
    Using configuration from /home/joseluis/openvpn-ca/openssl-1.0.0.cnf
    Check that the request matches the signature
    Signature ok
    The Subject's Distinguished Name is as follows
    countryName             :PRINTABLE:'ES'
    stateOrProvinceName     :PRINTABLE:'MA'
    localityName            :PRINTABLE:'Antequera'
    organizationName        :PRINTABLE:'-'
    organizationalUnitName  :PRINTABLE:'MyOrganizationalUnit'
    commonName              :PRINTABLE:'server'
    name                    :PRINTABLE:'Server'
    emailAddress            :IA5STRING:'ilvilladar@innovacionycualificacion.com'
    Certificate is to be certified until Nov  2 16:08:49 2027 GMT (3650 days)
```

Si hemos escogido otro nombre que no sea server, cuando se generen los ficheros en el directorio /etc/openvpn debemos sustituirlos por los nombres correctos. Por supuesto, también tendremos que modificar el archivo /etc/openvpn/server.conf para que apunte correctamente a los archivos .crt y .key.

Los siguientes pasos preparan el proceso de creación y generación de las llaves:

◯ Podemos generar una llave fuerte Diffie-Hellman para utilizar durante el intercambio de llaves. [10]

```
10   $ ./build-dh ↵
     Generating DH parameters, 2048 bit long safe prime, generator 2
     This is going to take a long time
     .................................+...............................................................+.........
     .....+.+...........................................................................................
     ...................................................................................................
     ...............+.............................+.....................................................
     ..............+.................................................................................
     .................................................................................................
     +.........++*++*
```

➲ Posteriormente, podemos generar una firma HMAC para fortalecer las capacidades de verificación de integridad TLS del servidor. [11]

```
11   $ openvpn --genkey --secret keys/ta.key ↵
```

Paso 6. Generar un Certificado de Cliente y un Par de Llaves

A continuación, debemos generar un certificado de cliente y un par de llaves. Por motivos de seguridad y simplicidad, hemos optado por realizar este el proceso en el servidor.

Generamos una llave/certificado de cliente único para esta guía, pero si tiene más de un cliente, puede repetir este proceso tantas veces como desee. Pasando un valor único al *script* para cada cliente.

➲ Volvemos a crear el archivo vars. [12]
➲ Generamos las credenciales. Podemos crearlas sin contraseña [13a], para ayudar en las conexiones automatizadas, o bien protegidas por una contraseña [13b].

```
12   $ source vars ↵
13a  $ ./build-key client1 ↵
     Generating a 2048 bit RSA private key
     ...................+++
     .............+++
     writing new private key to 'client1.key'
     -----
     You are about to be asked to enter information that will be incorporated
     into your certificate request.
     What you are about to enter is what is called a Distinguished Name or a DN.
     There are quite a few fields but you can leave some blank
     For some fields there will be a default value,
     If you enter '.', the field will be left blank.
     -----
     Country Name (2 letter code) [ES]:
     State or Province Name (full name) [MA]:
     Locality Name (eg, city) [Antequera]:
     Organization Name (eg, company) [-]:
     Organizational Unit Name (eg, section) [MyOrganizationalUnit]:
     Common Name (eg, your name or your server's hostname) [client1]:
     Name [Server]:
     Email Address [jlvilladar@innovacionycualificacion.com]:
```

```
     Please enter the following 'extra' attributes
     to be sent with your certificate request
     A challenge password []:
     An optional company name []:
     Using configuration from /home/joseluis/openvpn-ca/openssl-1.0.0.cnf
     Check that the request matches the signature
     Signature ok
     The Subject's Distinguished Name is as follows
     countryName             :PRINTABLE:'ES'
     stateOrProvinceName     :PRINTABLE:'MA'
     localityName            :PRINTABLE:'Antequera'
     organizationName        :PRINTABLE:'-'
     organizationalUnitName:PRINTABLE:'MyOrganizationalUnit'
     commonName              :PRINTABLE:'client1'
     name                    :PRINTABLE:'Server'
     emailAddress            :IA5STRING:'jlvilladar@innovacionycualificacion.com'
     Certificate is to be certified until Nov  2 16:27:30 2027 GMT (3650 days)
     Sign the certificate? [y/n]:y


     1 out of 1 certificate requests certified, commit? [y/n]y
     Write out database with 1 new entries
     Data Base Updated
```

```
13b   $ ./build-key-pass client1 ↵
      Generating a 2048 bit RSA private key
      ...........................................................................+++
      ..........................................................................................
      ..........................................................................................
      ...........+++
      writing new private key to 'client1.key'
      Enter PEM pass phrase:
      Verifying - Enter PEM pass phrase:
      -----
      You are about to be asked to enter information that will be incorporated
      into your certificate request.
      What you are about to enter is what is called a Distinguished Name or a DN.
      There are quite a few fields but you can leave some blank
      For some fields there will be a default value,
      If you enter '.', the field will be left blank.
      -----
      Country Name (2 letter code) [ES]:
      State or Province Name (full name) [MA]:
      Locality Name (eg, city) [Antequera]:
      Organization Name (eg, company) [-]:
      Organizational Unit Name (eg, section) [MyOrganizationalUnit]:
      Common Name (eg, your name or your server's hostname) [client1]:
      Name [Server]:
      Email Address [ilvilladar@innovacionycualificacion.com]:
```

```
      Please enter the following 'extra' attributes
      to be sent with your certificate request
      A challenge password []:
      An optional company name []:
      Using configuration from /home/joseluis/openvpn-ca/openssl-1.0.0.cnf
      Check that the request matches the signature
      Signature ok
      The Subject's Distinguished Name is as follows
      countryName              :PRINTABLE:'ES'
      stateOrProvinceName      :PRINTABLE:'MA'
      localityName             :PRINTABLE:'Antequera'
      organizationName         :PRINTABLE:'-'
      organizationalUnitName:PRINTABLE:'MyOrganizationalUnit'
      commonName               :PRINTABLE:'client1'
      name                     :PRINTABLE:'Server'
      emailAddress             :IA5STRING:'ilvilladar@innovacionycualificacion.com'
      Certificate is to be certified until Nov  2 16:29:42 2027 GMT (3650 days)
      Sign the certificate? [y/n]:y


      1 out of 1 certificate requests certified, commit? [y/n]y
      Write out database with 1 new entries
      Data Base Updated
```

Paso 7. Configurar el Servicio OpenVPN

El siguiente paso es colocar los ficheros generados en las ubicaciones necesarias para que el servidor pueda ser configurado correctamente:

- Copiamos los archivos que necesitamos al directorio de configuración de /etc/openvpn: nuestro cert y llave de CA, nuestro cert y llave de servidor, la firma de HMAC, y el archivo de Diffie-Hellman. [15]
- Copiamos y descomprimimos un archivo de configuración OpenVPN de ejemplo en el directorio de configuración para que podamos usarlo como base para nuestra configuración. [16]

```
14   $ cd ~/openvpn-ca/keys ↵
15   $ sudo cp ca.crt ca.key server.crt server.key ta.key dh2048.pem /etc/openvpn ↵
16   $ gunzip -c /usr/share/doc/openvpn/examples/sample-config-files/server.conf.gz | sudo tee
     /etc/openvpn/server.conf ↵
```

- Modificamos el archivo de configuración del servidor.

```
17   $ sudo vim /etc/openvpn/server.conf ↵
```

- Buscamos en la sección HMAC la directiva tls-auth.
- Agregamos el parámetro de key-direction ajustandolo a "0".
- Buscamos en la sección sobre cifrado criptográfico la directiva sobre el cifrado cipher. El cifrado AES-128-CBC ofrece un buen nivel de cifrado y está bien soportado.
- Agregamos una línea de auth para seleccionar el algoritmo de resumen de mensajes HMAC. Para esto, SHA256 es una buena opción.
- Buscamos la configuración de user y group y quitamos el ";" al principio de la línea para descomentar.

```
/etc/openvpn/server.conf

...

tls-auth ta.key 0 #This file is secret
key-direction 0
..
cipher AES-128-CBC
auth SHA256
..
user nobody
group nogroup

...
```

Paso 8. Ajuste la Configuración de Red del Servidor

A continuación, ajustamos algunos parámetros de configuración de la red del servidor para que OpenVPN pueda enrutar correctamente el tráfico.

Primero, debemos permitir que el servidor redirija tráfico:

➲ Editamos el fichero de configuración /etc/sysctl.conf. [18o]

```
18   $ sudo vim /etc/sysctl.conf ↵
```

➲ Buscamos la línea que establece net.ipv4.ip_forward y descomentamos. [18o1]

```
/etc/sysctl.conf

...

net.ipv4.ip_forward=1

...
```

➲ Cargamos de nuevo el fichero para aplicar los cambios a la sesión actual.

```
19   $ sudo sysctl -p ↵
```

Independientemente de si usamos el *firewall* para bloquear el tráfico no deseado (lo cual casi siempre deberíamos hacer), necesitamos el *firewall* en esta guía para manipular parte del tráfico que entra en el servidor. Necesitamos modificar el archivo de reglas para configurar enmascaramiento, un concepto de iptables que proporciona NAT dinámico al instante para enrutar correctamente las conexiones del cliente. Para ello, seguimos los siguientes pasos:

➲ Buscamos la interfaz de red pública de nuestra máquina.

```
20   $ ip route | grep default ↵
     default via 193.70.112.1 dev ens3
```

⮐ Editamos el archivo /etc/ufw/before.rules para agregar la configuración relevante.

```
21   $ sudo vim /etc/ufw/before.rules ↵
```

⮐ Modificamos la configuración para el enmascaramiento.

```
/etc/ufw/before.rules

...

#
```

```
# rules.before
#
# Rules that should be run before the ufw command line added rules. Custom
# rules should be added to one of these chains:
#
# ufw-before-input
# ufw-before-output
# ufw-before-forward
#

# START OPENVPN RULES
# NAT table rules
*nat
:POSTROUTING ACCEPT [0:0]
# Allow traffic from OpenVPN client to eth0
-A POSTROUTING -s 10.8.0.0/8 -o eth0 -j MASQUERADE
COMMIT
# END OPENVPN RULES

# Don't delete these required lines, otherwise there will be errors
*filter

...
```

→ Debemos recordar reemplazar eth0 en la línea -A POSTROUTING con la interfaz que encontró en el comando anterior:

● Editamos el archivo /etc/default/ufw para configurar UFW y que permita también paquetes enviados por defecto. [22]

```
22   $ sudo vim /etc/default/ufw ↵
```

● Buscamos la directiva DEFAULT_FORWARD_POLICY y cambiamos el valor de DROP a ACCEPT.

```
/etc/default/ufw

...

DEFAULT_FORWARD_POLICY="ACCEPT"

...
```

A continuación, ajustaremos el *firewall* para permitir el tráfico a OpenVPN. Para ello, se utilizará el puerto y protocolo del archivo /etc/openvpn/server. conf. Si lo cambió deberá utilizarlo para abrir el tráfico UDP a dicho puerto:

● Añadimos el puerto y protocolo para las conexiones de los clientes. [23]
● Añadimos el puerto SSH. [24]
● Deshabilitar UFW. [25]
● Volvemos a habilitar UFW para que se apliquen los cambios. [26]

```
23   $ sudo ufw allow 1194/udp ↵
24   $ sudo ufw allow OpenSSH ↵
25   $ sudo ufw disable
26   $ sudo ufw enable
```

Paso 9. Iniciar y habilitar el Servicio OpenVPN

Una vez descargado e instalado, procedemos a iniciar el servicio en el servidor:

➲ Iniciamos el servidor OpenVPN especificando el nombre de nuestro archivo de configuración como una variable de instancia, después del nombre de archivo de la unidad systemd. Nuestro archivo de configuración para nuestro servidor se llama /etc/openvpn/server.conf, por lo que agregaremos @server al final de nuestro archivo de unidad cuando lo llamemos. [27]

```
$ sudo systemctl start openvpn@server ↵
openvpn@server.service - OpenVPN connection to server
   Loaded: loaded (/lib/systemd/system/openvpn@.service; disabled; vendor preset: enabled)
   Active: active (running) since Tue 2016-05-03 15:30:05 EDT; 47s ago
     Docs: man:openvpn(8)
           https://community.openvpn.net/openvpn/wiki/Openvpn23ManPage
           https://community.openvpn.net/openvpn/wiki/HOWTO
  Process: 5852 ExecStart=/usr/sbin/openvpn --daemon ovpn-%i --status /run/openvpn/%i.status
10 --cd /etc/openvpn --script-security 2 --config /etc/openvpn/%i.conf --writepid
/run/openvpn/%i.pid (code=exited, sta
 Main PID: 5856 (openvpn)
    Tasks: 1 (limit: 512)
   CGroup: /system.slice/system-openvpn.slice/openvpn@server.service
           └─5856 /usr/sbin/openvpn --daemon ovpn-server --status /run/openvpn/server.status
10 --cd /etc/openvpn --script-security 2 --config /etc/openvpn/server.conf --writepid
/run/openvpn/server.pid

May 03 15:30:05 openvpn2 ovpn-server[5856]: /sbin/ip addr add dev tun0 local 10.8.0.1 peer
10.8.0.2
May 03 15:30:05 openvpn2 ovpn-server[5856]: /sbin/ip route add 10.8.0.0/24 via 10.8.0.2
May 03 15:30:05 openvpn2 ovpn-server[5856]: GID set to nogroup
May 03 15:30:05 openvpn2 ovpn-server[5856]: UID set to nobody
May 03 15:30:05 openvpn2 ovpn-server[5856]: UDPv4 link local (bound): [undef]
May 03 15:30:05 openvpn2 ovpn-server[5856]: UDPv4 link remote: [undef]
May 03 15:30:05 openvpn2 ovpn-server[5856]: MULTI: multi_init called, r=256 v=256
May 03 15:30:05 openvpn2 ovpn-server[5856]: IFCONFIG POOL: base=10.8.0.4 size=62, ipv6=0
May 03 15:30:05 openvpn2 ovpn-server[5856]: IFCONFIG POOL LIST
May 03 15:30:05 openvpn2 ovpn-server[5856]: Initialization Sequence Completed
```

➲ Comprobamos que la interfaz de OpenVPN tun0 está disponible. [28]

```
$ ip addr show tun0 ↵
4: tun0: <POINTOPOINT,MULTICAST,NOARP,UP,LOWER_UP> mtu 1500 qdisc noqueue state UNKNOWN group
default qlen 100
    link/none
    inet 10.8.0.1 peer 10.8.0.2/32 scope global tun0
       valid_lft forever preferred_lft foreve
```

➲ Habilitamos el servicio para que se inicie automáticamente al arrancar. [29]

```
29   $ sudo systemctl enable openvpn@server ↵
```

Paso 10. Crear Infraestructura de Configuración de Cliente

A continuación, creamos los directorios donde se ubicarán los ficheros de configuración del cliente. Seguimos los siguientes pasos:

- Creamos una estructura de directorios en nuestro directorio personal para almacenar los archivos de configuración de los distintos clientes que vamos a dar de alta. [30]
- Dado que nuestros archivos de configuración del cliente tendrán las llaves del cliente incrustadas, debemos bloquear los permisos en nuestro directorio interno. [31]

```
30   $ mkdir -p ~/client-configs/files ↵
31   chmod 700 ~/client-configs/files ↵
```

- Copiamos un ejemplo de configuración de cliente en nuestro directorio para usarla como nuestra configuración base. [32]

```
32   $ cp /usr/share/doc/openvpn/examples/sample-config-files/client.conf
     ~/client-configs/base.conf ↵
```

- Editamos el nuevo archivo. [33]

```
33   $ sudo vim ~/client-configs/base.conf ↵
```

- Buscamos la directiva remote. Aquí señalamos al cliente cuál es nuestra dirección de servidor OpenVPN. Esta debe ser la dirección IP pública de su servidor OpenVPN. Si hemos cambiado el puerto en el que está escuchando el servidor OpenVPN, cambiamos 1194 a ese puerto.
- Establecemos el protocolo que hemos utilizado en la configuración del servidor.

- Activamos las directivas user y group.
- Buscamos las directivas que establecen ca, cert y key. Comentamos estas directivas, ya que agregaremos los certs y las llaves dentro del propio archivo.
- Reflejamos la configuración de cipher y auth que establecimos en el archivo /etc/openvpn/server.conf.
- Agregamos la directiva key-direction en algún lugar del archivo. Esto **debe establecerse** en **"1"** para trabajar con el servidor.

Finalmente, agregamos algunas líneas **comentadas.** Queremos incluirlos con cada configuración, pero solo debemos habilitarlos para clientes *Linux* que se envían con un archivo /etc/openvpn/update-resolv-conf. Este *script* usa la utilidad resolvconf para actualizar la información de DNS para clientes *Linux.* Si nuestro cliente ejecuta *Linux* y tiene un archivo /etc/openvpn/update-resolv-conf, debemos descomentar estas líneas del archivo de configuración del cliente OpenVPN generado.

```
~/client-configs/base.conf

...

# The hostname/IP and port of the server.
# You can have multiple remote entries
# to load balance between the servers.
remote server_IP_address 1194
..
proto udp
..
user nobody
group nogroup
..
#ca ca.crt
#cert client.crt
#key client.key
..
cipher AES-128-CBC
auth SHA256
..
key-direction 1
..
```

```
# script-security 2
# up /etc/openvpn/update-resolv-conf
# down /etc/openvpn/update-resolv-conf

...
```

A continuación, crearemos un *script* simple para compilar nuestra configuración base con los archivos de certificados, llaves y encriptación relevantes. Esto colocará la configuración generada en el directorio ~/client-configs/files:

◗ Creamos y editamos un fichero make_config.sh. [34]

```
34   $ vim ~/client-configs/make_config.sh ↵
```

```
~/client-configs/make_config.sh

#!/bin/bash

# First argument: Client identifier

KEY_DIR=~/openvpn-ca/keys
OUTPUT_DIR=~/client-configs/files
BASE_CONFIG=~/client-configs/base.conf

cat ${BASE_CONFIG} \
    <(echo -e '<ca>') \
    ${KEY_DIR}/ca.crt \
    <(echo -e '</ca>\n<cert>') \
    ${KEY_DIR}/${1}.crt \
    <(echo -e '</cert>\n<key>') \
    ${KEY_DIR}/${1}.key \
    <(echo -e '</key>\n<tls-auth>') \
    ${KEY_DIR}/ta.key \
    <(echo -e '</tls-auth>') \
    > ${OUTPUT_DIR}/${1}.ovpn
```

◗ Marcamos el archivo como ejecutable. [35]

```
35   $ chmod 700 ~/client-configs/make_config.sh ↵
```

Paso 11. Generar Configuraciones de Cliente

Ahora, podemos generar fácilmente archivos de configuración del cliente.

Hemos creado un certificado de cliente y una llave denominada client1.crt y client1.key respectivamente ejecutando el comando ./build-key client1. Podemos generar una configuración para estas credenciales moviéndonos a nuestro directorio ~/client-configs y usando el script que hemos desarrollado:

- ⊃ Movemos al directorio donde guardaremos los certificados de los clientes. [36]
- ⊃ Ejecutamos el *script* para generar los certificados del cliente client1. [37]

```
36   $ cd ~/client-configs ↵
37   ./make_config.sh client1
```

- ⊃ Comprobamos que se ha generado el archivo client1.ovpn en nuestro directorio ~/client-configs/files.

```
38   $ ls ~/client-configs/files ↵
     client1.ovpn
```

Paso 12. Instalar la Configuración del Cliente

Para acabar, ahora necesitamos transferir el archivo de configuración del cliente al dispositivo correspondiente, ya sea PC o móvil.

Una opción para la transferencia podría ser utilizar el protocolo SFTP. Aquí hay un ejemplo de comando SFTP usando nuestro ejemplo client1.ovpn.

```
39   cliente$ sftp sammy@openvpn_server_ip:client-configs/files/client1.ovpn ~/ ↵
```

 **TAREA 11**

Ahora nos toca realizar la configuración e instalación de una VPN en la empresa. Siguiendo el ejemplo de la anterior aplicación práctica, crea para los cinco empleados las credenciales para OpenVPN. Instala y configura el servidor VPN y un cliente VPN de alguno de los empleados.

5. Resumen

En esta unidad hemos aprendido lo útiles que puede llegar a ser las redes privadas virtuales no solo para las empresas que necesitan de entornos seguros y altamente configurables, sino también para el usuario que quiere navegar de forma segura y confiable por internet.

El **concepto VPN** abarca multitud de protocolos y servicios muy diferentes, por lo que no es un concepto práctico en sí mismo. Se trata de una conceptualización de un tipo de red basada en la idea de establecer una red "ficticia" sobre una red real, de forma que la arquitectura de esta red "ficticia" nada tenga que ver con la red física que al final se encarga de proporcionar todo el soporte a nivel de *hardware*.

Ya dependerá del tipo de implementación que se lleve a cabo para alcanzar el objetivo que persigue la VPN podemos hablar de VPN PPTP, VPN L2TP/IPSec, OpenVPN o VPN SSTP.

Compatibilidades entre sistemas operativos y tipos de VPN

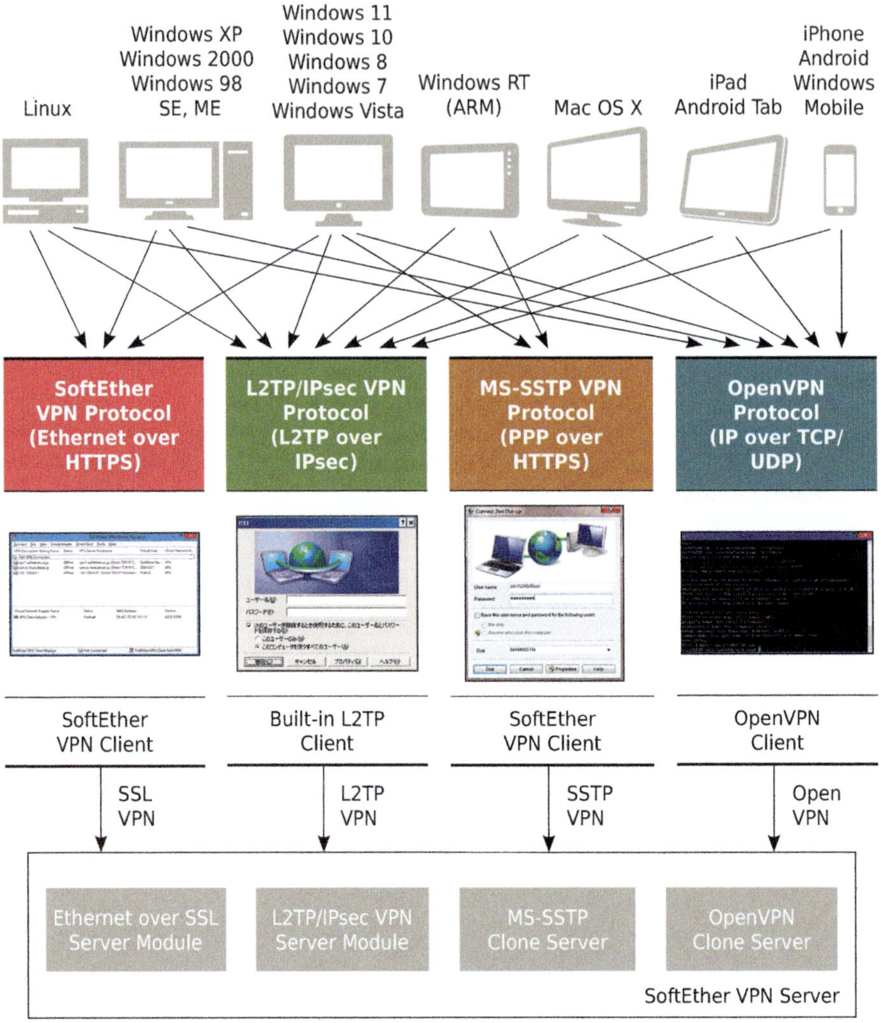

Linux

Windows XP
Windows 2000
Windows 98
SE, ME

Windows 11
Windows 10
Windows 8
Windows 7
Windows Vista

Windows RT
(ARM)

Mac OS X

iPad
Android Tab

iPhone
Android
Windows
Mobile

SoftEther VPN Protocol (Ethernet over HTTPS)	L2TP/IPsec VPN Protocol (L2TP over IPsec)	MS-SSTP VPN Protocol (PPP over HTTPS)	OpenVPN Protocol (IP over TCP/UDP)
SoftEther VPN Client	Built-in L2TP Client	SoftEther VPN Client	OpenVPN Client
SSL VPN	L2TP VPN	SSTP VPN	Open VPN
Ethernet over SSL Server Module	L2TP/IPsec VPN Server Module	MS-SSTP Clone Server	OpenVPN Clone Server

SoftEther VPN Server

En la segunda parte explicamos **cómo funciona un servicio** que complementa a las VPN: IPSec, muy utilizado para proporcionar seguridad basada en criptografía sobre los datos que viajan por la red. La tecnología IPSec nos permite definir redes con comunicaciones que cumplen los principios de confidencialidad y autenticación, sin importar la tecnología de comunicación subyacente.

Tecnologías de IPSec

Por último, en la tercera parte de la unidad hemos creído conveniente crear una pequeña guía de instalación y configuración de una VPN basada en SSL, utilizando el conjunto de tecnologías OpenVPN, para comprender un poco mejor todo aquellos que hemos visto de una forma teórica.

Ejercicios de autoevaluación
Unidad de Aprendizaje 5

1. **En una VPN, la red privada se define sobre...**

    a. ... una red compartida y pública.
    b. ... una red compartida.
    c. ... una red compartida y privada.
    d. ... una red no compartida.

2. **¿A qué tipo de red es equivalente una VPN desde el punto de vista lógico?**

    a. A una red LAN.
    b. A una red WAN.
    c. A una red MAN.
    d. No tiene equivalencia.

3. **¿Qué protocolo VPN ha sido utilizado desde su origen?**

    a. SMTP
    b. PPTP
    c. OpenVPN
    d. L2TP

4. **Determina si la siguiente oración es verdadera o falsa: "En OpenVPN no se puede utilizar autenticación por certificados".**

    ■ Verdadero
    ■ Falso

5. **¿Cuál es una ventaja del uso del protocolo SSTP?**

    a. Puede convertir la conexión en una conexión anónima.
    b. La VPN se reciente cuando la distancia es elevada.
    c. Las conexiones anónimas no se pueden conseguir.
    d. Permite que el ISP pueda filtrar nuestro tráfico.

6. Determina si la siguiente oración es verdadera o falsa: "IPSEC proporciona seguridad a la capa 2 (IP) y 3 (TCP) del modelo de comunicaciones TCP/IP".

   ■ Verdadero
   ■ Falso

7. IPSec está formado por tres protocolos fundamentales:

   a. AH, ESP e IKE.
   b. AH, ESP y KEI.
   c. AH, OpenVPN y ESP.
   d. GRE, ESP y KEI.

8. Determina si la siguiente oración es verdadera o falsa: "Las VPN con SSL/TLS realizan las conexiones en la capa de aplicación".

   ■ Verdadero
   ■ Falso

9. En una conexión VPN con SSL/TLS, ¿cuál es el orden de las acciones que ocurren?

   a. Comunicar credenciales, establecer el túnel y actualizar VPN.
   b. Establecer el túnel, comunicar credenciales y actualizar VPN.
   c. Actualizar VPN, establecer el túnel y comunicar credenciales.
   d. Establecer el túnel, actualizar VPN y comunicar credenciales.

10. Determina si la siguiente oración es verdadera o falsa: "Cuando instalamos OpenVPN necesitamos generar credenciales para cada usuario que vaya a utilizar la VPN".

    ■ Verdadero
    ■ Falso

Firewalls

Contenido

1. Introducción
2. Arquitectura de *firewalls*
3. Filtrado de paquetes sin estados
4. Servidores *proxy*
5. Filtrado dinámico o *stateful*
6. *Firewalls* de siguiente
   generación
7. Funciones avanzadas
8. Resumen

Objetivos

El objetivo general de esta Unidad de Aprendizaje es:

→ Analizar el concepto de *firewalls* y sus usos.

Los objetivos específicos de esta Unidad de Aprendizaje son:

→ Aprender a reforzar una red corporativa mediante el uso de *firewalls*.

→ Aprender a instalar y configurar un servidor *proxy*.

→ Aprender a elegir una arquitectura de *firewall* adecuada para cada situación.

1. Introducción

La seguridad siempre ha sido el primer asunto a tratar cuando una empresa ha tenido que conectar su red privada a una red compartida como internet. Sin importar el tipo de negocio, debido al aumento de presencia en la red internet y la multitud de servicios desplegados en ella, se hace necesario establecer mecanismos que permitan garantizar que la información y los activos empresariales están a salvo pese a estar conectados al mundo.

Para superar todos los miedos y proveer el nivel de protección requerida, la empresa y los responsables de redes deben seguir políticas de seguridad que prevengan del acceso no autorizado de usuarios a los recursos propios de la red privada y que proporcionen protección contra la exportación privada de información. Es más, incluso a pesar de que una organización no esté conectada a internet, debería establecer políticas de seguridad interna para administrar y monitorizar el acceso de los usuarios a ciertas partes de la red sensibles a la pérdida o manipulación de la información.

El *firewall,* o cortafuegos, es el elemento clave para lograr que todas las necesidades de seguridad de la red se cumplan. Añade una capa de seguridad y permite el grado de configuración y control necesarios para que los administradores de redes puedan dormir tranquilos, o por lo menos, mucho más que si no existieran. Permite, entre muchas cosas, adecuar las comunicaciones de la red corporativa a las políticas de seguridad establecidas por la dirección y el equipo técnico.

Sergio va a comenzar eligiendo un *firewall* para la red corporativa, pero antes debe tener claro que arquitectura se ajusta y cuáles son las ventajas e inconvenientes de cada una.

2. Arquitectura de *firewalls*

☞ HILO CONDUCTOR

En una empresa, la seguridad de la red lo es todo. Por ello, Sergio está pensando en incluir un *firewall* en la red. Pero antes de ello, necesita analizar perfectamente cuál va a ser la arquitectura de *firewall* que mejor se adapta a la estructura corporativa.

2.1. ¿Qué es un *firewall*?

Un *firewall,* cuya traducción literal es cortafuego, es un elemento que puede encontrarse en forma de *software* o de *hardware,* y que se ubica en un lugar de la red con el objetivo de controlar y filtrar todas las comunicaciones que atraviesan los dos puntos que separa.

Para que un *firewall* funcione correctamente es necesario establecer políticas de filtrado. En concreto, cuando un *firewall* se sitúa entre la red interna e internet, es posible permitir solo el paso a aquella información que sea aceptable para la red interna. El concepto aceptable tiene que ver con el hecho de que la información cumple con las normas de seguridad del lugar.

Arquitectura básica de un *firewall*

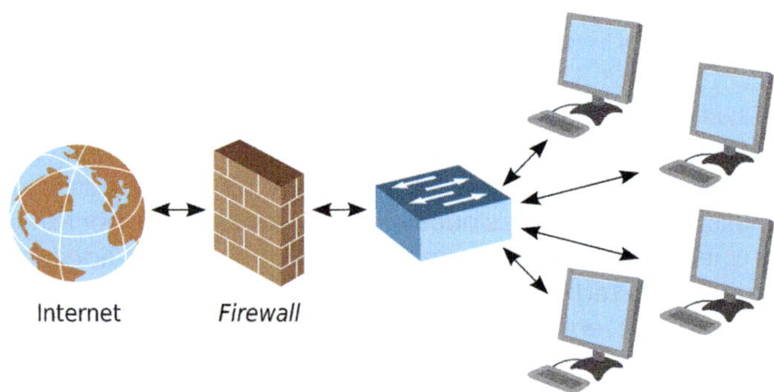

2.2. Cortafuegos de filtrado de paquetes

El primer modelo de cortafuegos que se creó era de este tipo y a día de hoy sigue siendo uno de los más utilizados. Consiste en un dispositivo capaz de filtrar paquetes, lo que se denomina *choke.* Los dispositivos, por excelencia, que son capaces de implementar este tipo de arquitectura son los *routers.* Todo *router* tiene la capacidad de bloquear o filtrar paquetes en función de su protocolo, su servicio o su dirección IP.

En estos casos, además de las operaciones de filtrado el propio *router* actúa como *proxy,* ya que sirve de pasarela para la *subred.* Como nota importante a tener en cuenta, cuando se realiza una conexión no bloqueante desde la red interna al exterior los accesos son directos, por lo que si queremos establecer un nivel adecuado de seguridad es necesario bloquear los servicios que no se utilicen desde el exterior, así como el acceso desde máquinas que no sean de confianza hacia la red interna.

Posibles servicios filtrados en un *firewall* con filtrado de paquetes

Single Homed Bastion Host

Single homed bastion y *Dual homed bastion* son arquitecturas de *firewalls* del tipo *screened host firewalls*. En el primer caso, el sistema *firewall* consiste en un sistema de filtrado de paquetes a nivel de *router* y un equipo (bastión) que es un equipo de configuración de alta seguridad. Esta arquitectura posee las siguientes características:

- ⮞ El tráfico desde internet solo puede alcanzar el bastión. En ningún momento puede alcanzar la red interna.
- ⮞ Solo el tráfico que tiene como dirección de origen la dirección IP del bastión puede salir a la red exterior.

Filtrado de paquetes	Variantes
- El dispositivo que filtra los paquetes *(screeening router)* se configura de modo que solo el equipo bastión sea capaz de enviar y recibir el tráfico. De esta forma, cualquier sistema externo que intente acceder a servicios internos tendrá que hacerlo a través de él. - De la misma manera, el sistema de filtrado de paquetes permitirá establecer las conexiones aceptables al exterior dependiendo de la política de seguridad que se haya definido.	- Esta arquitectura puede tener un servidor web situado entre el *router* y el equipo bastión que permita el acceso público al mismo desde el exterior.

Arquitectura básica del *single homed bastion host*

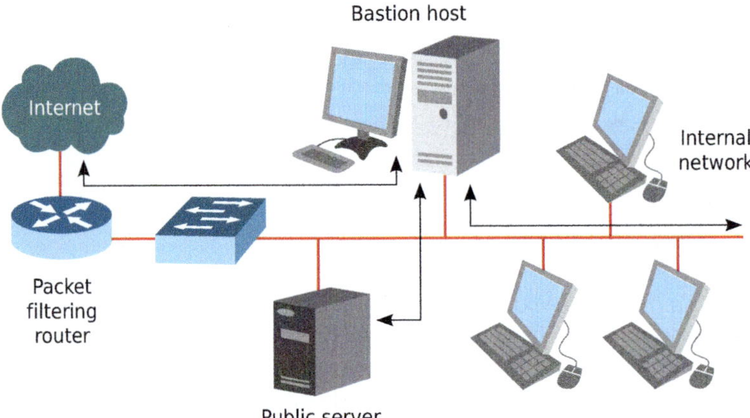

Dual homed bastion host

Esta arquitectura es similar a la anterior. Las conexiones también se realizan a través de un equipo bastión, y también se dispone de un sistema de filtrado de paquetes que permite dichas conexiones. Sin embargo, para evitar el grave problema de seguridad del modelo anterior, el equipo bastión del modelo *dual homed bastion host* dispone **de dos interfaces de red diferentes:** una conectada a la **red interna** y otra **conectada al *router*,** el cual se encuentra conectado a su vez con la red externa y otra conectada a la red interna.

De esta forma, incluso si el sistema de filtrado de paquetes se compromete, la red interna seguirá aislada tras el bastión.

Arquitectura básica del *dual homed bastion host*

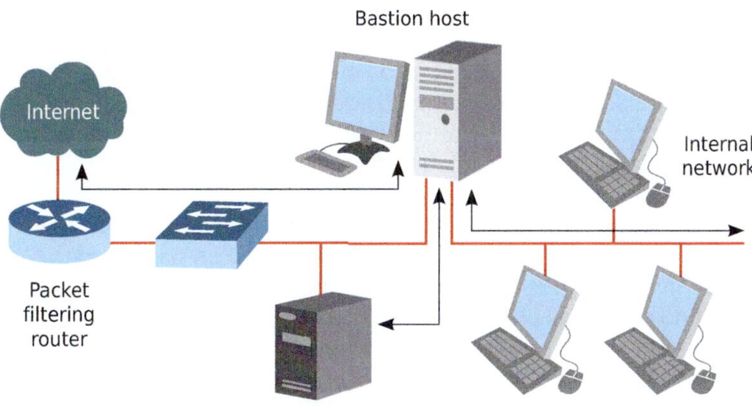

Screened subnet firewalls

Esta es una de las arquitecturas de cortafuegos más seguras que existen. En este tipo de configuraciones encontramos dos sistemas que filtran paquetes y un equipo bastión colocado en medio de los dos. En el caso típico, tanto internet como la red interna tienen acceso a la *screened subnet,* pero el tráfico que fluye por la subred (el que va desde el equipo bastión hasta la red interna y el que va por la subred que une los dos sistemas de filtrado) está bloqueado.

Arquitectura básica de *screened subnet firewalls*

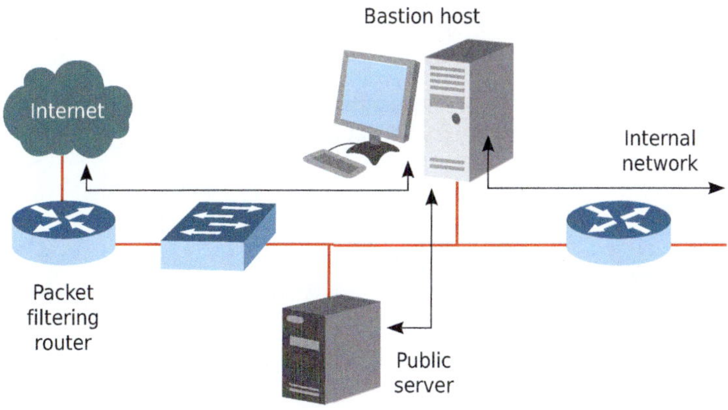

2.3. Otras arquitecturas

A raíz de estas arquitecturas, y con el único fin de aumentar en gran medida la seguridad de la red interna, surgen variantes y alternativas muy interesantes como la de emplear un *host* bastión distinto para cada protocolo o servicio en lugar de un único *host* bastión.

Para muchas empresas, utilizar una arquitectura de este tipo es inviable debido a la cantidad de máquinas que se necesitan para llevarla a cabo. Las alternativas sugieren utilizar un único bastión, pero distintos servidores *proxy,* uno para cada uno de los servicios ofrecidos.

Arquitectura donde existen un *firewall* por nodo de red

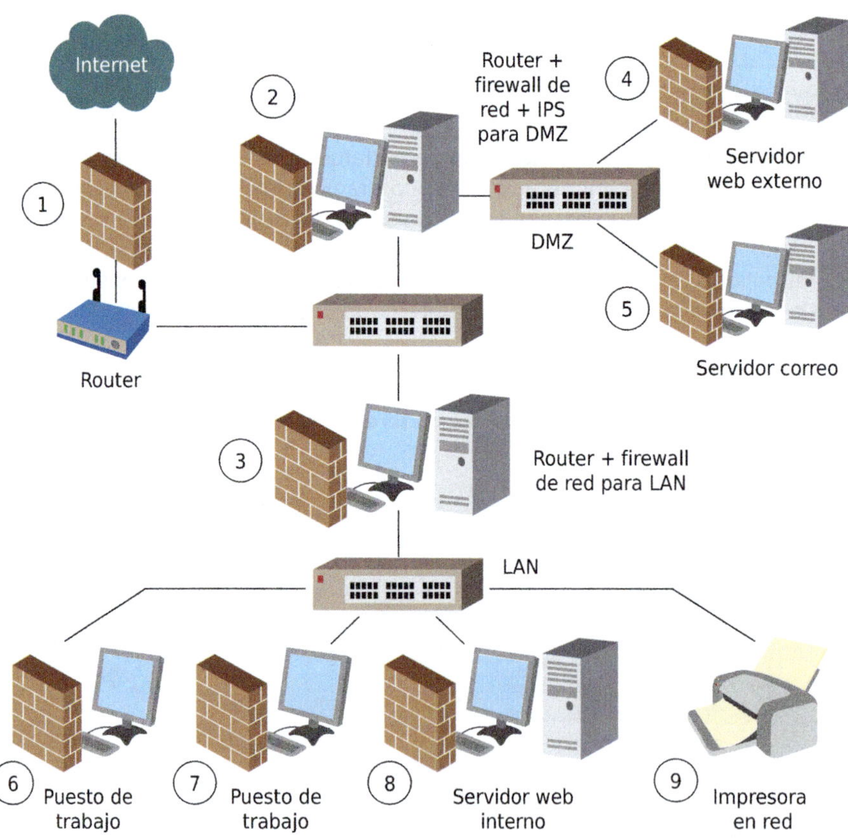

ACTIVIDAD COMPLEMENTARIA

18. Busca en internet algún ejemplo de tipo de arquitectura de *firewall* que no hayamos visto hasta ahora.

Otra arquitectura alternativa se basa en dividir la red interna en diferentes subredes, de forma que en cada subdivisión situaremos un *firewall* para garantizar e incrementar la seguridad local. También se ubicará un *firewall* para el exterior. Estas arquitecturas son especialmente recomendables en organizaciones que disponen de distintas entidades separadas.

En resumen, existen múltiples configuraciones y alternativas para incrementar la seguridad en la red. A continuación, en los siguientes apartados veremos algunos tipos de *firewalls* o sistemas de *firewalls* más avanzados como:

Filtrado de paquetes sin estado	Filtrado dinámico *stateful*	*Firewalls* de siguiente generación	Servidores *proxy*

3. Filtrado de paquetes sin estados

HILO CONDUCTOR

Sergio piensa que un *firewall* con filtrado de paquetes puede ser el primer eslabón de seguridad para un sistema de seguridad más avanzado.

El **filtrado de paquetes** sin estado nos da la posibilidad de aceptar o denegar el paquete únicamente por su contenido. Lo cual quiere decir que cada paquete es tratado de forma independiente del resto de paquetes, tengan o no que ver con la conexión abierta por el mismo. Además, es evaluado de acuerdo a las reglas establecidas por el administrador.

Bloqueo de paquetes de conexiones externas

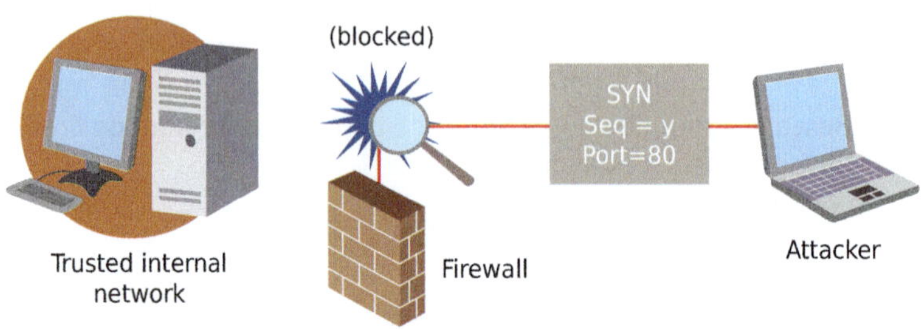

Las reglas son mantenidas en forma de tabla, y para cada regla se registran un grupo de condiciones y una acción. De esta forma, cuando llega un paquete al *firewall,* se aplica la primera regla de la lista que cumple las condiciones y se aplica la acción pertinente a la regla: **aceptar** o **desechar** el paquete.

Aquí podemos ver un ejemplo de tabla con algunas reglas:

Protocol	Src IP	Src port	Dst IP	Dst port	Action	Comment
TCP	4.5.6.7	*	1.2.3.10	25	Block	Stop this spammer
TCP	*	*	1.2.3.10	25	Allow	Inbound SMTP
TCP	1.2.3.10	25	*	*	Allow	SMTP responses
*	*	*	*	*	Block	Default rule

La traducción al lenguaje natural de la tabla anterior sería:

⊃ Bloquear el paso de cualquier paquete que llegue desde la IP origen 4.5.6.7, y que tenga como destino el puerto 25 de la IP 1.2.3.10.
⊃ Aceptar el paso de cualquier paquete con destino al puerto 25 de la IP 1.2.3.10.
⊃ Aceptar el paso de cualquier paquete que llegue desde la IP origen 1.2.3.10 por el puerto 25 hacia cualquier destino.
⊃ Por último, como regla base por defecto, bloquear el paso a cualquier paquete desde cualquier IP hacia cualquier destino.

Esta última regla puede parecer un poco extraña pero ya hemos visto cómo se aplican: la primera regla que cumpla las condiciones será ejecutada, por lo tanto, la última regla que bloquea el paso a todos los paquetes solo se aplicará para aquellos paquetes que no cumplan ni la primera, ni la segunda, ni la tercera regla.

En el siguiente ejemplo, se permite el acceso web desde nuestra red interna hacia el exterior:

Protocol	Src IP	Src port	Dst IP	Dst port	Action	Comment
TCP	1.2.3.0/24	*	*	80	Allow	Outbound HTTP requests
TCP	*	80	1.2.3.0/24	*	Allow	HTTP responses
*	*	*		*	Block	Default rule

En este caso, existirán dos reglas: una para las peticiones HTTP (desde la subred hacia el servidor web) y otra para las respuestas HTTP (desde el servidor web hacia la subred). Y, además, una tercera que corresponderá al tráfico restante:

- **Con la primera regla** se permite el paso de todos los paquetes cuyo origen provenga de la subred 1.2.3.X desde cualquier puerto hacia el puerto 80. Lo que quiere decir que se aceptan las peticiones al servidor web.
- **Con la segunda regla** se permite el paso de todos los paquetes cuyo origen sea el puerto 80 hacia la subred 1.2.3.X. Es decir, son las respuestas del servidor web a las peticiones web.
- **La última regla** implica que el resto de tráfico es bloqueado, independientemente de su origen y destino.

Como hemos indicado más arriba, el ejemplo anterior no realiza su función del todo bien, ya que se debería restringir que las peticiones web deben tener como origen un puerto por encima de los reservados (>= 1024). Esto es porque los navegadores usan puertos por encima del 1024 para realizar las peticiones web. Con ello se consigue desechar cualquier paquete que llegue por un puerto inferior al 1024, ya que tiene pinta de ser malintencionado.

Protocol	Src IP	Src port	Dst IP	Dst port	Action	Comment
TCP	1.2.3.0/24	≥ 1024	*	80	Allow	Outbound HTTP requests
TCP	*	80	1.2.3.0/24	≥ 1024	Allow	HTTP responses
*	*	*		*	Block	Default rule

Además, aún se puede restringir más el acceso para evitar problemas de seguridad. Por ejemplo, en el caso de que alguien enviara un paquete con puerto 80 con destino la subred 1.2.3.X. En ese caso, el cortafuego permitiría el paso del paquete.

Sabemos que todos los paquetes de una conexión llevan el flag ACK activo, excepto el paquete que se encarga de establecer la propia conexión. Para evitar el caso anterior, podemos identificar que deje pasar solo aquellos paquetes que pertenezcan a una conexión establecida, indicando en el grupo de condiciones que el paquete debe tener activo el flag ACK. Evitando que se produzca intentos de conexión, utilizando la regla.

Protocol	Src IP	Src port	Dst IP	Dst port	Flags	Action	Comment
TCP	1.2.3.0/24	*	*	80		Allow	Outbound HTTP requests
TCP	*	80	1.2.3.0/24	*	ACK	Allow	HTTP responses
*	*	*		*		Block	Default rule

Por último, también debemos comentar que en la propia definición de reglas se puede especificar la interfaz de red como condición. Por ejemplo, si nuestro PC posee varias interfaces o dispositivos de red y queremos que ciertas reglas sean aplicables sobre los paquetes que llegan por la primera de las interfaces de red, mientras que queremos que otras reglas distintas se apliquen sobre los paquetes que llegan por la segunda interfaz de red.

Input interface	Protocol	Src IP	Port	Dst IP	Port	Flags	Action	Comment
2	*	1.2.3.0/24	*	*	*		Block	Ingress filter
2	*	5.6.7.8	*	*	*		Block	Router address
1	*	1.2.3.1	*	*	*		Block	Router address
1	*	1.2.3.0/24	*	*	*		Allow	Egress filter
1	*	*	*	*	*		Block	Default rule (If1)
...							...	

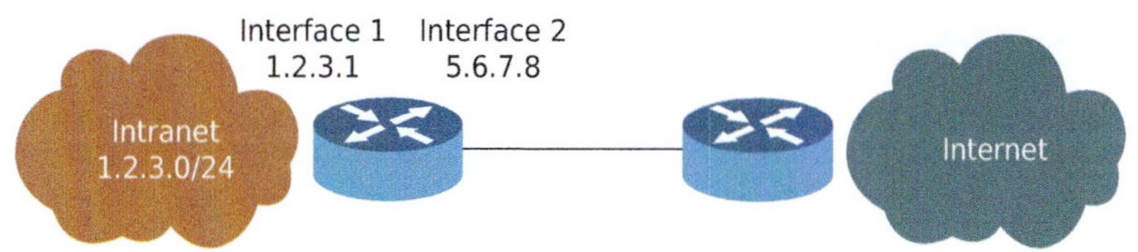

ACTIVIDAD COMPLEMENTARIA

19. Busca ejemplos de ataques que se hayan producido sobre redes con *firewalls*. ¿En qué se han basado estos ataques?

TAREA 12

En nuestra empresa han comprado un *firewall* basado en filtrado de paquetes sin estado. La red corporativa está formada por 3 subredes: 192.168.1.0/24, 192.168.5.0/24 y 192.168.168.10.0/24. Como informáticos, la dirección nos pide que configuremos la tabla de reglas del *firewall* para que se cumplan los siguientes objetivos:

- Bloquear el paso de cualquier paquete que llegue desde el exterior a la primera subred (192.168.1.0/24).
- Permitir el acceso por ftp (puerto 21) a la segunda subred (192.168.5.0/24), siempre que provenga de la primera subred (192.168.1.0/24).
- Bloquear el acceso a internet (puerto 80) a toda la tercera subred (192.168.168.10.0/24).
- Aceptar el paso de cualquier paquete que llegue desde la IP origen 1.2.3.10 por el puerto 25 hacia cualquier destino.
- Por último, como regla base por defecto, bloquear el paso a cualquier paquete desde cualquier IP hacia cualquier destino.

Con estas especificaciones, debes elaborar la tabla de reglas del *firewall* que permita realizar todas estas acciones.

4. Servidores *proxy*

👉 HILO CONDUCTOR

Ha habido un considerable aumento de plantilla en la empresa en la que trabaja Sergio, y el sistema informático que utilizan requiere un uso muy elevado del ancho de banda de la red. Por ello, se le ocurre a Sergio utilizar un servidor *proxy* para balancear la carga de la red y evitar cuellos de botella.

Los **proxys** son dispositivos que se encargan principalmente de distribuir el tráfico en la red, de tal forma que si un equipo de la red intenta una conexión hasta un servidor que se encuentra fuera, el tráfico será redirigido hasta otro servidor.

A parte de su principal función para distribuir el tráfico, los *proxys* también poseen una función de caché que les permite mejorar la velocidad de acceso cuando se solicita una página por la que se ha navegado previamente. En concreto, cuando se accede a una página web, esta se guarda en la memoria de ese servidor *proxy* durante un periodo de tiempo y así, si un equipo solicita la misma página, el *proxy* la devuelve sin necesidad de conectarse a ella, consiguiendo mayor velocidad de respuesta al tráfico por la red.

Arquitectura de red para una red basada en servidor *proxy*

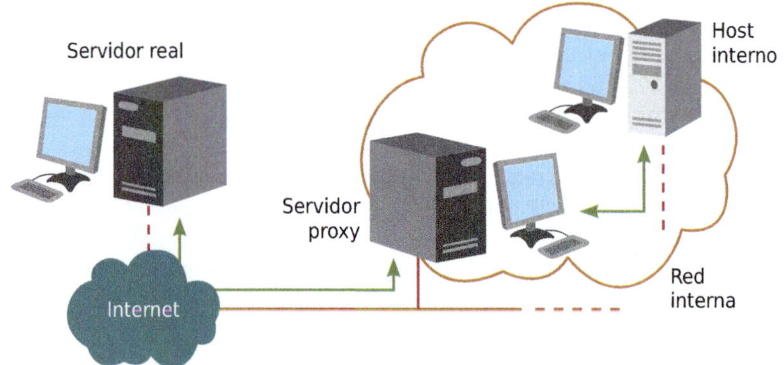

4.1. Tipos de *proxys*

Existen multitud de tipos de *proxy,* algunos son esenciales para los servicios que se proporcionan en internet, los hay más y menos utilizados pero todos ellos son importantes:

- ➲ *Proxy* **transparente:** es simplemente un servidor *proxy* con NAT *(Network Address Translation)* donde el usuario no necesita configurar nada. Simplemente, el enrutamiento dentro del *proxy* se realiza sin que el usuario se percate de ello. Es el tipo de *proxy* que suelen utilizar los proveedores de servicios de Internet (ISP).
- ➲ *Proxy* **inverso:** es un servidor *proxy* que se instala conectado a un servidor web de forma que por él pasa todo el tráfico entrante de internet con dirección al servidor web. Este servidor sirve como una capa de defensa adicional.
- ➲ *Proxy* **NAT / Enmascaramiento:** realiza la traducción de direcciones de red *(NAT, Network Address Translation)* también conocida como enmascaramiento de IP. La técnica se basa en reescribir las direcciones IP de origen y destino de los paquetes que pasan por el *proxy.* Esto es necesario si queremos compartir el acceso a internet para varios dispositivos que tenemos conectados al mismo *router.*
- ➲ *Proxy* **abierto:** realiza peticiones a servicios de internet solicitados por otros equipos o dispositivos. En concreto, cualquier ordenador que esté conectado o no a él, puede hacer una petición al *proxy* y este resolverá la petición como si la realizara el propio *proxy.*
- ➲ *Proxy* **Cross-Domain:** es utilizado por el desarrollo web asíncrono (Ajax, etc.) donde existen ciertas restricciones para comunicar elementos que se encuentran en diferentes dominios.
Para romper esta restricción se puede configurar este tipo de *proxy* para que reenvíe esas peticiones que se realizan sobre servicios de dominios externos.
- ➲ *Proxy* **anónimo:** permite ocultar la dirección IP del usuario que se conecta permitiendo, entre muchas cosas, navegar de forma anónima. Es muy útil para saltarse las restricciones de contenido impuestas por muchos países.

4.2. Características

A continuación, citamos las siguientes características:

> Definir permisos de los usuarios en la red interna sobre servicios, dominios e IP externas.

> Todos los usuarios de la red interna pueden compartir una dirección IP simplificando y ahorrando direcciones IP en internet.

> Se puede auditar todo el tráfico que entra de internet hacia la red interna y viceversa.

> Proporcionan servicios de caché sobre el servicio que proporcionan. Por ejemplo, se guardan las páginas web que se solicitan para aumentar el rendimiento.

Sin embargo, lo importante de todo esto es sacar la conclusión de que el concepto *proxy* es muy general y puede abarcar desde un programa *software* hasta un dispositivo dedicado. La palabra que mejor lo puede definir es, sin duda, la de "intermediario".

Ventajas

El uso de *proxys* permite que la navegación se realice entre el servidor y el *proxy,* dejando así nuestro equipo al margen del proceso y ocultando su IP. El *proxy* siempre actúa como un servidor puente en una navegación entre nuestro ordenador e internet. Algunas de las ventajas o beneficios que nos proporciona son las siguientes:

> **Control**
> - El control lo tiene el *proxy,* es el que resuelve todas las peticiones y por donde pasa todo el tráfico. Por ello, es capaz de limitar y restringir los derechos de los usuarios, así como dar permisos.

> **Ahorro**
> - Todo el trabajo se simplifica, ya que solo un dispositivo *(proxy)* es el que se encarga de llevarlo a cabo.

Continúa en página siguiente >>

<< *Viene de página anterior*

Velocidad
- Con un sistema de caché el *proxy* guarda las respuestas de anteriores peticiones y puede servirlas más rápidamente con el aumento de velocidad en los procesos.

Filtrado
- El *proxy* puede filtrar el tráfico y negarse a realizar peticiones bajo ciertas condiciones o circunstancias.

Modificación
- Por ser intermediario, el *proxy* puede falsificar la información modificándola y, por lo tanto, enmascarar la autoría de las acciones.

Anonimato
- El *proxy* permite realizar todas las acciones de los equipos que se conectan bajo la misma IP, lo que hace imposible que otros sitios web puedan diferenciar esos equipos aun cuando hayan realizado peticiones diferentes.

Inconvenientes

Pero el uso de la tecnología también conlleva una parte negativa. Los servidores *proxy* dan muchos beneficios y ventajas, pero también generan algunos problemas que solucionar por parte de los administradores de sistemas:

Abuso
- Como se trata de un equipo que está dispuesto a realizar peticiones de otros equipos, estos pueden enviar trabajo adicional que no corresponda realizar. Por lo tanto, debe controlar quién tiene acceso a qué servicios y quién no, lo cual es en la mayoría de las ocasiones muy difícil de determinar.

Continúa en página siguiente >>

<< Viene de página anterior

Carga
- En ocasiones, el número de equipos que se conectan al *proxy* es elevado, y el volumen de peticiones puede llegar a colapsarlo.

Intromisión
- Para algunos usuarios, el que un intermediario haga tu trabajo puede suponer pérdida de confianza. Por no contar que guardar copias de ciertos trabajos en caché puede suponer problemas contractuales con los socios.

Incoherencia
- El sistema de caché puede provocar que la información que se despacha al usuario esté obsoleta. Aunque también es cierto que detectar un cambio de versión en los documentos ya no suele ser un problema en los servidores proxy actuales.

Irregularidad
- En muchas situaciones, los sistemas no están preparados para que un intermediario represente a más de un usuario. En concreto, aquellas comunicaciones directas entre un emisor y un receptor como TCP/IP.

4.3. Funcionamiento

El **funcionamiento** de un *proxy* se basa en cómo funcionan las comunicaciones en internet. Sabemos que, cuando un equipo informático se conecta a un servicio de internet lo hace a través del modelo cliente-servidor. A grandes rasgos, el usuario cliente envía una petición o solicitud (petición de archivo) al servidor para un servicio, el servidor devolverá una respuesta (archivo) con el contenido.

Generalmente, lo que solicita el servidor es:

- Nombre y versión del **SO.**
- Nombre y versión del **navegador.**
- **Configuración** del navegador (resolución de pantalla, profundidad de color, si existe soporte para java / javascript...).

● Dirección **IP** del cliente.
● Otra información.

Modelo de comunicaciones cliente/servidor

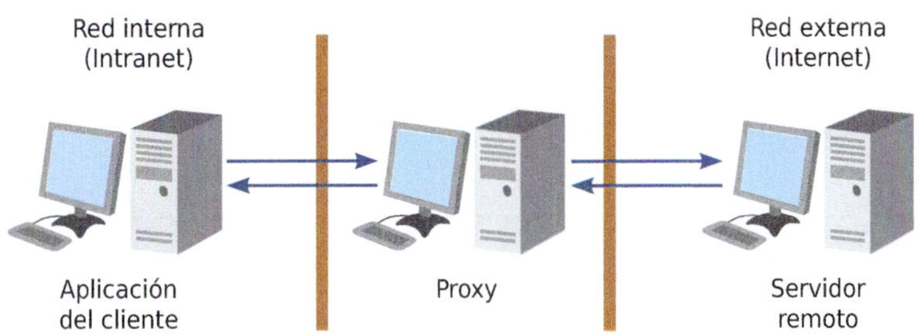

4.4. Instalación

A continuación, vamos a ver un ejemplo de instalación del servidor *proxy squid* en una distribución de *Linux Ubuntu:*

Para instalar *Squid* escribe en un terminal:

```
1   $ sudo aptitude install squid ↵
```

La configuración de *Squid* se hace editando el archivo /etc/squid/squid. conf. Para editar este archivo, presiona [Alt] + [F2] y:

```
2   $ gksu gedit /etc/squid/squid.conf ↵
```

Squid necesita conocer el nombre de la máquina. Para ello, ubica la línea visible_hostname. Por ejemplo, si la máquina se llama "ubuntu", ponemos:

```
visible_hostname ubuntu
```

Por defecto, el puerto de escucha del servidor proxy será 3128. Para elegir otro puerto, ubica la línea:

```
http_port 3128
```

Y cambia el número de puerto, por ejemplo:

```
http_port 3177
```

Por defecto el servidor *proxy* escucha por todas las interfaces. Por razones de seguridad, solo debes hacer que escuche en tu red local. Por ejemplo, si la tarjeta de red ligada a tu LAN tiene el IP 10.0.0.1, modifica la línea a:

```
http_port 10.0.0.1:3177
```

Por defecto, nadie está autorizado a conectarse al servidor *proxy,* excepto tu máquina. Entonces hay que crear una lista de autorización. Por ejemplo, vamos a definir un grupo que abarca toda la red local. Ubica la línea del archivo que comienza por **acl localhost.** Al final de la sección, agrega:

```
3   $ acl lanhome src 10.0.0.0/255.255.255.0 ↵
```

Ahora que el grupo está definido, vamos a autorizar para que utilice el *proxy.* Ubica la línea **http_access allow.** Y agrega debajo (antes de la línea http_access deny all).

```
http_access allow lanhome
```

Por defecto, *Squid* solo autoriza el tráfico HTTP en algunos puertos (80, etc.). Esto puede ocasionar problemas a algunas páginas web que utilizan otros puertos. Ejemplo: <http://toto.com/: 81/images/titi.png> sería bloqueado por *Squid*. Para evitar que lo bloquee, encuentra la línea: **http_access deny !Safe_ports** y agrega un comentario:

```
#http_access deny !Safe_ports
```

(Re) inicia el *proxy* para que tome en cuenta la nueva configuración que acabamos de realizar. Escribe:

```
$ sudo /etc/init.d/squid restart ↵
```

A partir de ahora el *proxy* debería funcionar. Solo hay que configurar los diversos programas para que lo utilicen. Los *logs* del *proxy* se encuentran en **/var/log/squid/access.log.** Por defecto, el caché de *Squid* está activado, lo que permite que las páginas se carguen más rápido. El tamaño por defecto es de 100 MB (ubicado en /var/spool/squid). Para cambiar su tamaño, modifica el archivo **/etc/squid/squid.conf.** Encuentra la línea:

```
#cache_dir ufs /var/spool/squid 100 16 256
```

Modifícala, puedes cambiar el valor de 100 por el valor que desees (por ejemplo 200 para 200 MB).

```
#cache_dir ufs /var/spool/squid 200 16 256
```

5. Filtrado dinámico o *stateful*

☞ HILO CONDUCTOR

Sergio estuvo valorando la idea de utilizar un *firewall* sin estado, pero la descartó porque no cumplía las exigencias de seguridad para el tipo de red. Él piensa que un tipo de *firewall* basado en estado, donde se puede filtrar por las conexiones establecidas puede ser más adecuado.

Los *proxys* suelen realizar todas sus operaciones en alguna de las primeras capas del modelo de comunicaciones. Más concretamente, en la capa de red. Sin embargo, existen ciertos tipos de *proxys* denominados de filtrado dinámico o de inspección de estado que llegan a realizar operaciones sobre las capas más altas, como la capa de transporte o aplicación. En estos casos, los *proxys* pueden configurar reglas donde se tengan en cuenta el estado en el que se encuentran las conexiones que pasan a través de él.

Incidencia del *firewall* en las capas del modelo de comunicaciones

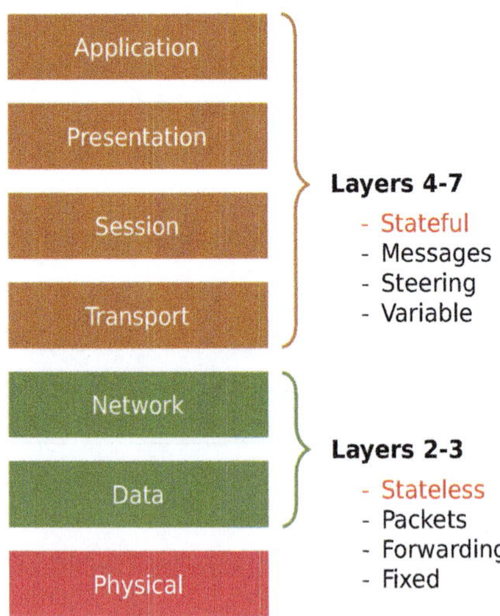

Un *firewall* basado en estados mantiene dos tablas separadas. Una primera tabla con información similar a la que se usa en el tipo de *firewall* de filtrado de paquetes sin estado basada en reglas estáticas, y que determina si el paquete se acepta o se descarta; y una segunda tabla, denominada tabla de sesión, que es dinámica y mantiene el estado de cada una de las conexiones existentes, protocolos, direcciones de origen/destino y puertos. Dichas entradas se mantienen en la tabla hasta que la sesión termina.

Diagrama de estados de TCP

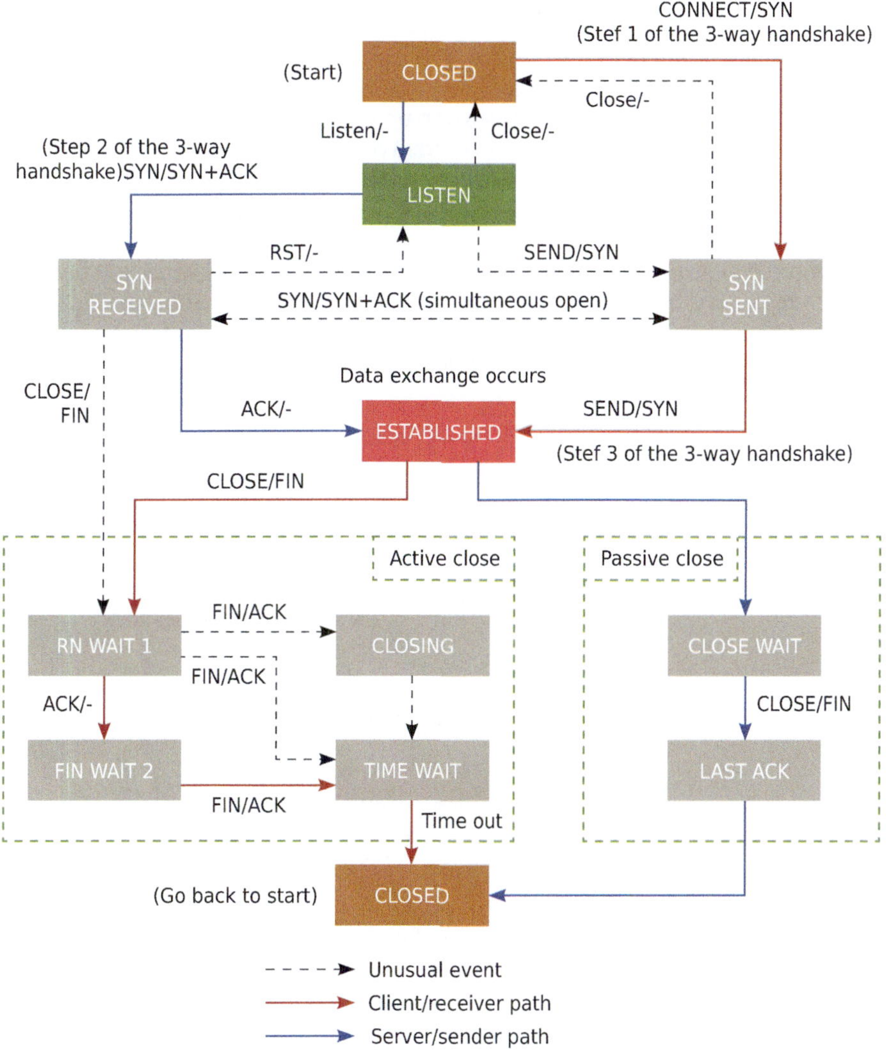

El funcionamiento de un *firewall* con estado se basa en los estados por los que pasa una conexión TCP en la comunicación. Es decir, depende de la negociación a tres bandas definida en la siguiente secuencia de paquetes:

- Cuando un cliente inicia una conexión, este envía un paquete con el bit SYN activado en la cabecera del paquete.
- Todos los paquetes con el bit SYN activo son considerados por el *firewall* como nuevas conexiones.
- Si el servicio que el cliente ha solicitado está disponible en el servidor, el servicio responderá al paquete SYN con un paquete en el que tanto SYN como ACK estarán activos.
- El cliente responderá después con un paquete en el que solo el bit ACK estará activado, y la conexión entrará en un estado de ESTABLISHED.
- Después se produce la transferencia de datos.
- Cuando acaba la transferencia, el cliente envía un paquete de fin al servicio.
- El servicio responde con un ACK confirmando que le ha llegado el paquete de fin y, envía después su propio paquete de fin de la comunicación.
- Por último, el cliente envía la confirmación de la llegada del paquete de finalización del servicio enviando otro ACK.

Secuencia de negociación a tres bandas para la comunicación TCP

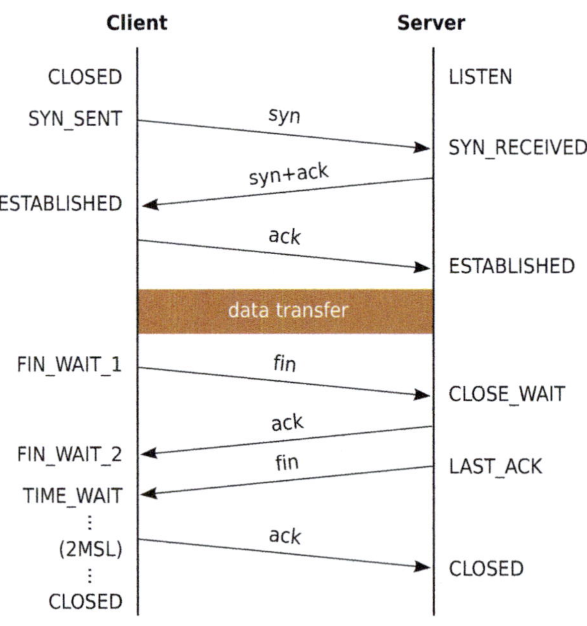

En el *firewall* con estado, la tabla de sesión contiene una entrada por cada conexión establecida (ESTABLISHED). De forma que el *firewall* solo aceptará el tráfico que llegue de conexiones que se encuentren en este estado.

Por otra parte, el *firewall* seguirá la pista del número de secuencia de los paquetes TCP para prevenir ataques que dependan de esa secuencia.

Las limitaciones del filtrado dinámico o *stateful* serían:

Más verificaciones
- Debido a que son más seguros que los *firewalls* sin estado, necesitan de un mayor número de verificaciones a nivel de conexión y, por lo tanto, son más complejos de configurar.

Protocolos sin estado
- No todos los protocolos de nivel de aplicación se basan en un sistema de comunicación a tres bandas como hemos visto. Protocolos como UDP, ICMP no necesitan establecer una iniciación a la comunicación.

Puertos dinámicos
- Sin capacidades más avanzadas sobre inspección de paquetes, los *firewalls* con estado no pueden manejar ciertos protocolos que son capaces de utilizar puertos dinámicos como FTP.

Procesamiento intenso
- Los *firewalls* con estado además de mayor verificación en las conexiones necesitan un uso más intensivo de los recursos que lo componen, y deben mantener una tabla de estados de conexión de forma dinámica.

ACTIVIDAD COMPLEMENTARIA

20. Busca por internet alguna otra limitación del tipo de *firewall* con estado sobre la seguridad de la red.

6. *Firewalls* de siguiente generación

☞ HILO CONDUCTOR

Finalmente, Sergio ha decidido utilizar *firewalls* de siguiente generación que le ayuden a adoptar políticas de seguridad más complejas. En concreto, necesita cubrir una gran cantidad de necesidades a nivel de seguridad, y estos dispositivos simplifican muchos las tareas de mantenimiento y control.

En los tiempos que corren, la seguridad informática se ha vuelto más importante, los *firewalls* tradicionales están limitados a monitorizar y analizar los paquetes de estados e implementar reglas de control de acceso. Esta funcionalidad ha quedado obsoleta, por lo que es necesario inventar nuevas formas de seguridad.

Los *firewalls* de nueva generación *(New Generation Firewalls)* ofrecen un nivel más profundo de seguridad, buscando una mejor protección del flujo de información.

Los NGFW son capaces de controlar el tráfico, monitorizándolo desde diferentes perspectivas:

⊃ **Direcciones IP.** Son capaces de controlar el tráfico que proviene de un equipo de la red o que debe alcanzar un equipo de la red.

⊃ **Número de puertos.** También son capaces de monitorizar los paquetes para obtener información sobre el puerto de origen y el puerto de destino del tráfico que pasa a través de ellos.

⊃ **Dominios.** Esta capacidad está más cerca de los nuevos *firewalls,* y consiste en la integración con el servicio de nombres DNS para que los accesos a los recursos de red resulten más difíciles de conseguir.

⊃ **Tipo de aplicaciones.** Identificar qué aplicación se está comunicando, independientemente del protocolo, el puerto que se está utilizando o la codificación. Es la base para las políticas de seguridad de la red. Es una nueva capacidad que se basa en realizar inspecciones profundas de las comunicaciones para obtener información entre los programas que intervienen.

⊃ **Traducción de direcciones.** Otras capacidades que suelen implementar los nuevos *firewalls* son la traducción de direcciones NAT en IPv4 y el acceso IPv6 de forma nativa.

⊃ **Control de acceso remoto.** Por último, cada vez se están integrando más capacidades para el acceso remoto a redes corporativas desde los propios *firewalls.* Esto añade un nivel de seguridad más al administrador de redes que en cualquier momento puede monitorizar el tráfico de la red.

Hay una gran cantidad de servicios que pueden ofrecer en la actualidad los NGFW, y cada vez son más porque su avance está siendo espectacular:

Identificación control aplicaciones

- Los *firewalls* no pueden limitarse a los puertos estándar. Cada vez encontramos más casos en los que las aplicaciones no usan los puertos habilitados para sus funciones debido a que el propio atacante cambia el puerto de comunicaciones para engañar. Por lo tanto, se necesitan funciones donde el escaneo no se limite a puerto/protocolo/aplicación. Debido a que son más seguros que los *firewalls* sin estado, necesitan de un mayor número de verificaciones a nivel de conexión y, por lo tanto, son más complejos de configurar.

Identificación control evasión

- El *firewall* debe controlar aquellas aplicaciones que están orientadas a sortear los obstáculos de conexión impuestos: herramientas para el acceso remoto, o herramientas para la conexión VPN son algunos ejemplos.

Continúa en página siguiente >>

<< Viene de página anterior

Control funcional
- Cada aplicación puede realizar funciones muy diversas en la red. El *firewall* puede realizar un análisis exhaustivo de dichas funciones para observar comportamientos fuera de lo común para esas aplicaciones y determinar que se está produciendo un ataque.

Gestión del tráfico desconocido
- Los NGFW permiten controlar y monitorizar el tipo de tráfico que no parece pertenecer a ningún patrón de uso común, y lo analizan para ver si es producto de una aplicación interna, aplicación comercial sin firma, o bien es una amenaza potencial.

7. Funciones avanzadas

 **HILO CONDUCTOR**

Ahora que Sergio ya se ha decidido a implantar una arquitectura basada en *firewalls* de última generación, se enfrenta a la necesidad de encontrar los dispositivos que den soporte a las funciones avanzadas que permitan cumplir las políticas de seguridad definidas por el equipo técnico.

Cada empresa se enfrenta a las amenazas de red de la forma que entiende que es suficiente para garantizar la seguridad. Los dispositivos de *firewalls* actuales proporcionan múltiples capas de seguridad que permiten a las empresas adaptarlos a sus necesidades:

- **Dispositivos móviles seguros.** Cada vez es más frecuente encontrar servicios de acceso remoto con políticas de seguridad aplicadas a recursos de red para móviles en los *firewalls,* permitiendo que tanto los *smartphones* como las *tablets* de última generación utilicen conexiones VPN SSL encriptadas para las conexiones a las redes corporativas o académicas.
- **Movilidad.** Otra capacidad muy relacionada con la anterior es la posibilidad de que dichos dispositivos: *smartphones* y *tablets* tengan acceso

a las redes 4G/5G o wifi en cualquier momento. Muchos *firewalls* tienen en cuenta estas consideraciones, ofreciendo políticas de cumplimiento y servicios de seguridad potentes para este tipo de redes.

➲ **Conexión de red distribuida.** También es muy común, en la actualidad, que las empresas se compongan de sucursales y departamentos que se distribuyan sobre los mercados principales; un vínculo que debe estar activo las 24 horas del día, los 7 días de la semana. Los *firewalls* deben proporcionar servicios de conexión VPN y GMS para la centralización del control de los puntos de acceso remoto, así como aportar la seguridad y optimización de recursos necesaria para la productividad empresarial.

➲ **Protección de red.** Los *firewalls* ya no deben limitarse únicamente a impedir el acceso de amenazas en internet, sino también a proporcionar mecanismos para la inspección continua y exhaustiva de paquetes potencialmente que pueden llegar a ser potencialmente peligrosos para los intereses de los activos empresariales. Los dispositivos deben basarse en tecnologías como VPN SSL, VPN IPSec, protocolos de inspección avanzados, etc.

También permiten controlar el tráfico desde cualquier lugar donde se encuentre el usuario sin interferir en la actividad final del mismo. Incluso pueden aplicar políticas de seguridad que dependan del estado del tráfico a través del *firewall* sin mermar el rendimiento de la red.

➲ **Acceso remoto seguro.** La mayoría de las empresas basan sus redes de comunicaciones en redes compartidas como internet para ahorrar costes y mejorar la flexibilidad. Gracias a las VPN, es posible dotar a las comunicaciones de la seguridad suficiente para permitir que dicha comunicación no sea corrompible o manipulable. Los *firewalls* deben ser capaces de permitir estas conexiones y establecer las políticas de seguridad necesarias para basar una arquitectura en este tipo de redes.

TAREA 13

En nuestra empresa, Dirección nos pide que instalemos y configuremos un servidor *proxy* para que todos los empleados puedan tener acceso a internet desde la red interna. Instala y configura el *proxy* teniendo en cuenta las siguientes especificaciones:

- El puerto de escucha del *proxy* será el 3456.
- La red interna 192.168.1.0 tiene que tener acceso. Cualquier otra red interna no debe poder utilizar el *proxy*.
- El directorio que contendrá la caché debe ser como máximo de 512 MB.

Continúa en página siguiente >>

<< Viene de página anterior

- También hay que evitar que el firewall bloquee el puerto 81 para las conexiones a internet.

Enumera la lista de comandos que se deben ejecutar para conseguir la instalación y configuración del *proxy*, siguiendo estas especificaciones y describe cómo quedaría el fichero de configuración para cumplirlas.

---

8. Resumen

En esta unidad hemos visto quizás el elemento más importante en la seguridad de la red: el *firewall*. Un dispositivo diseñado para bloquear acciones que no estén permitidas en la red y monitorizar todo el tráfico en busca de ataques.

Arquitectura básica de un *firewall*

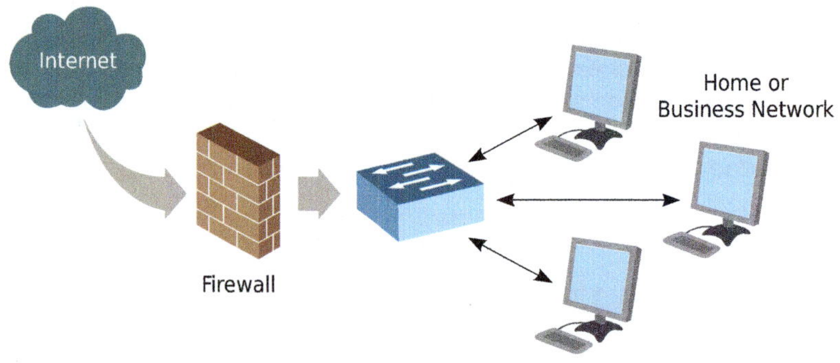

Hemos aprendido cuáles son las arquitecturas básicas que se pueden utilizar en una red para proteger el perímetro de la misma, controlar el acceso a la red privada y viceversa.

Arquitectura básica del *dual homed bastion host*

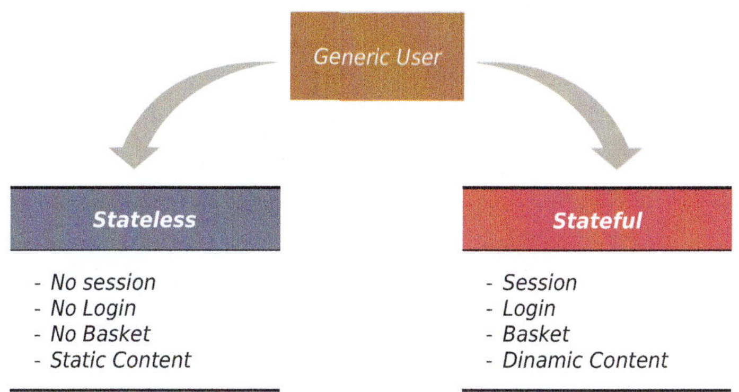

Finalmente, nos hemos centrado en explicar los tipos de *firewalls* que encontramos en el mercado. Explicando las diferencias entre los dos grandes grupos de *firewalls:* los que filtran los paquetes sin tener en cuenta el estado de las conexiones, y aquellos que sí que tienen en cuenta ese estado.

Además, la unidad ha hecho hincapié en un tipo de *firewall* muy especial denominado servidor *proxy* que, con sus múltiples variantes, permite dotar a la red de capacidades avanzadas de enrutamiento y control del tráfico hacia y desde internet.

Arquitectura de red para una red basada en servidor *proxy*

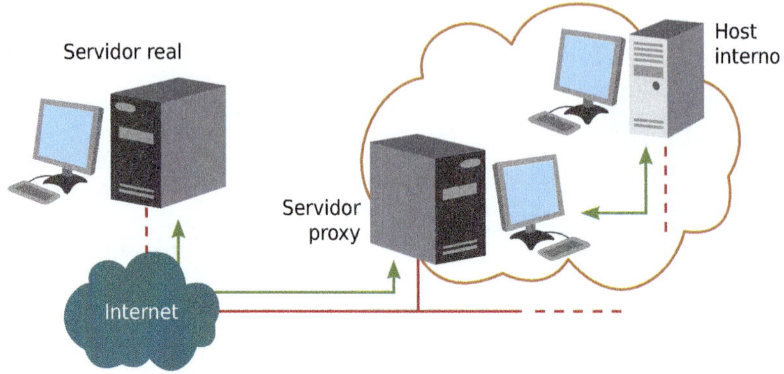

Ejercicios de autoevaluación
Unidad de Aprendizaje 6

1. ¿Qué es un *firewall*?

    a. Una puerta de acceso a la red.
    b. Dispositivo *software* o *hardware* que se sitúa entre dos puntos de red para controlar y filtrar el tráfico.
    c. Un dispositivo que revisa el tráfico de red y lo marca de alguna manera.
    d. Un elemento que no otorga ningún valor añadido a la red.

2. ¿Cuáles de estos dos conceptos son arquitecturas de *firewall*?

    a. *Single Homed Bastion/Dual Homed Bastion*
    b. *Single Bastion/Dual Homed*
    c. *Router/Router*
    d. *Router/Dual Homed*

3. ¿Cuáles son los dos tipos de filtrado que puede implementar un *firewall*?

    a. Filtrado estático/dinámico.
    b. Filtrado de paquetes sin estado/filtrado de paquetes con estado.
    c. Filtrado *proxy*/Filtrado por servicio.
    d. Todas las opciones son incorrectas.

4. Determina si la siguiente oración es verdadera o falsa: "En un *firewall* con filtrado dinámico sin estado, el paquete atraviesa el *firewall* sin tener en cuenta el momento de la conexión ni el estado de dicha conexión".

    ■ Verdadero
    ■ Falso

5. ¿Qué función adicional implementa un servidor *proxy*?

a. Una función de caché que le permite mejorar la velocidad de acceso a las páginas web ya descargadas.
b. Una función de filtrado de paquetes que le permite mejorar la seguridad de la red.
c. Una función de análisis de todo el tráfico de la red.
d. Una función de alerta para la detección de intrusos en la red.

6. Determina si la siguiente oración es verdadera o falsa: "El tipo de *proxy* que realiza peticiones a servicios de internet solicitados por otros equipos o dispositivos es el *proxy* abierto".

■ Verdadero
■ Falso

7. Una ventaja y un inconveniente del uso de *proxy* es:

a. Ahorro del trabajo/incoherencia por culpa del sistema de caché.
b. Ahorro del trabajo/el *proxy* resuelve las peticiones.
c. Velocidad de respuesta/baja carga si se conectan muchos equipos.
d. Incoherencia por culpa del sistema de caché/sistemas no preparados para representar a más de un usuario.

8. Determina si la siguiente oración es verdadera o falsa: "El filtrado dinámico en un *firewall* se implementa en las capas inferiores del modelo OSI de comunicaciones".

■ Verdadero
■ Falso

9. Indica cuál de estos servicios no es un servicio implementado en un *firewall* de nueva generación:

a. Comunicar credenciales, establecer el túnel, actualizar VPN.
b. Gestión del tráfico desconocido.
c. Identificación y control de la evasión de seguridad.
d. Detección de intrusiones.

10. **Determina si la siguiente oración es verdadera o falsa: "El funcionamiento de un *firewall* con estado se basa en los estados por los que pasa una conexión TCP en la comunicación".**

    ■ Verdadero
    ■ Falso

Detección y prevención automatizada de intrusiones (IDS-IPS)

Contenido

1. Introducción
2. Arquitectura de sistemas IDS
3. Herramientas de *software*
4. Captura de intrusos con *honeypots*
5. Resumen

Objetivos

El objetivo general de esta Unidad de Aprendizaje es:

→ Conocer la detección y prevención automatizada de intrusiones.

Los objetivos específicos de esta Unidad de Aprendizaje son:

→ Aprender a planificar sistemas de seguridad de red basados en la detección y prevención de intrusiones.

→ Aprender a instalar y configurar un sistema IDS/IPS.

1. Introducción

Cada vez es más frecuente que los ciberdelicuentes utilicen técnicas sofisticadas para aprovechar vulnerabilidades en los sistemas de producción. Ha habido una evolución espectacular entre los tipos de atacantes de años atrás y los actuales. Antiguamente, los ciberdelicuentes eran un número reducido y cada uno seguía su propia metodología para atacar un sistema. Hoy en día, el ciberdelicuente tiene a su disposición una lista inmensa de aplicaciones y programas *(exploits)* que hacen el trabajo por él, analizando y buscando vulnerabilidades que aprovechar.

Los dispositivos como los *firewalls* no son capaces de bloquear el 100 % de los ataques. Y mucho menos cuando un ataque está tan sistematizado y es tan sofisticado.

Como respuesta a la demanda de nuevas tecnologías para frenar este aumento de la ciberdelincuencia nacieron los IDS (sistema de detección de intrusiones), dispositivos que permiten avisar casi en tiempo real de las incidencias que están ocurriendo en nuestra red. Serían lo equivalente a las alarmas de las casas.

Antes del nacimiento de este tipo de dispositivos, la detección de intrusiones consistía en una búsqueda manual de anomalías. Actualmente, gracias a la disponibilidad de sistemas ultrarrápidos, el procesamiento no solo es capaz de buscar patrones conocidos entre todo el tráfico que circula por la red, sino también monitorizar en tiempo real y lanzar alertas si una intrusión ha sido detectada.

Ahora Sergio se encargará de revisar la arquitectura de su red y elegir el complemento final para la seguridad informática definitiva en su empresa. En este contexto, Sergio deberá escoger una de entre las diferentes arquitecturas de red que le proporcionan las nuevas tecnologías de detección y prevención de intrusos.

2. Arquitectura de sistemas IDS

☞ HILO CONDUCTOR

Sergio ya ha conseguido desplegar un sistema de seguridad acorde a todas las especificaciones de dirección. Con ello, cualquier atacante lo va a tener difícil para conseguir acceder a los sistemas internos. Sin embargo, Sergio se plantea ahora la posibilidad de añadir una capa de seguridad adicional. En concreto, quiere saber si en algún momento se ha producido un ataque a alguno de los sistemas.

2.1. ¿Qué es un IDS?

Un **sistema IDS** (sistema de detección de intrusiones) es un tipo de *hardware* o *software* que tiene como objetivo monitorizar las comunicaciones entre sistemas informáticos, con el fin de detectar la **intrusión** o intento de intrusión en alguno de ellos.

Arquitectura de red de un sistema con IDS

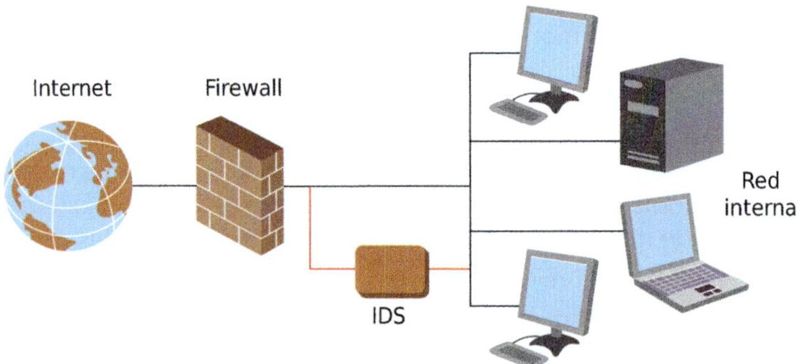

DEFINICIÓN

Intrusión

Es todo acceso que no ha sido autorizado a un equipo, sistema informático o red de comunicaciones que viola las políticas de seguridad y supone una amenaza.

El IDS se puede ver más como un complemento a la seguridad. Como ya hemos visto, un *firewall* se basa en un sistema de filtrado, el cual restringe determinadas conexiones y comunicaciones. El problema es cuando algún atacante oculta en una comunicación "válida" un ataque. En esos casos, el *firewall* no puede detectar el problema y la red estaría comprometida. Es entonces cuando entra en juego los IDS, permitiendo monitorizar esas comunicaciones y detectar anomalías.

2.2. Funciones de un IDS

Los IDS **monitorizan** y **analizan** de forma continua y sin pausas todas las comunicaciones de la red donde están implantados. Buscan actividades sospechosas o maliciosas. Cuando se **detecta** una de ellas, el IDS reacciona y, generalmente, envía una **alerta** a los administradores de la red.

Monitorizar
- El IDS está en continua monitorización de los eventos que suceden en la red: comunicaciones, sistemas que se encienden y apagan, cambios de arquitecturas de red, etc.

Detectar
- Detectan las primeras fases de un ataque como operaciones de extracción de información sobre la red: puertos, *software*, etc.

Continúa en página siguiente >>

<< Viene de página anterior

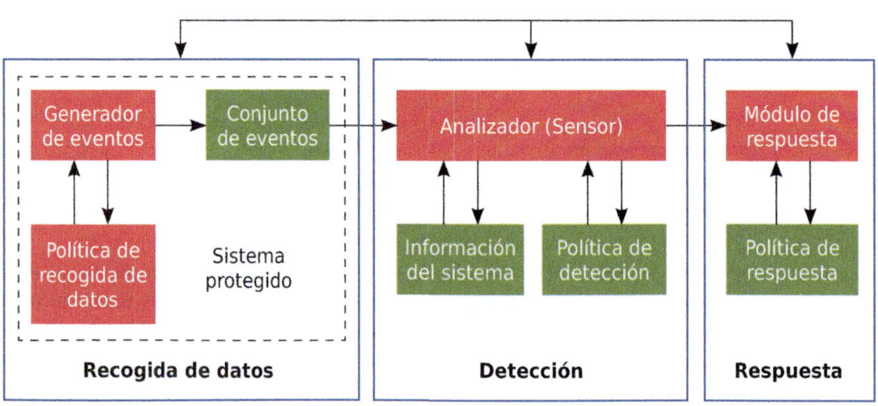

La clasificación de los IDS se puede realizar de acuerdo a criterios como el tipo de análisis, origen de datos, estructura o respuesta a los comportamientos:

Criterios de clasificación y tipos de IDS

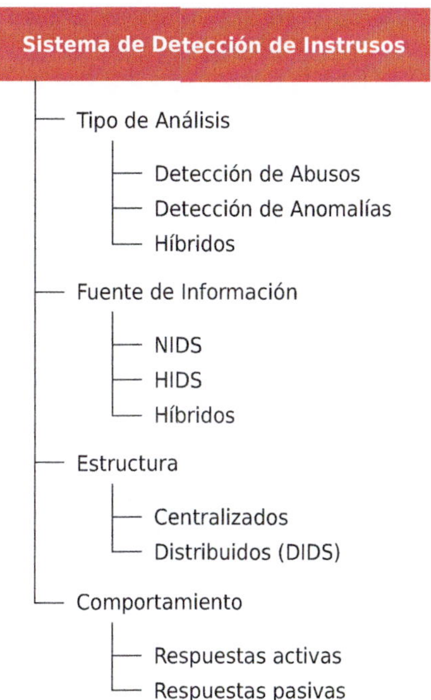

2.3. Clasificación por tipo de análisis

El enfoque de clasificación por tipo de análisis plantea la posibilidad de distinguir una detección basada en lo que ya conocemos y hemos registrado como actividad maliciosa, o bien utilizar una detección basada en lo que ocurre de diferente dentro de la red.

Tipos de IDS según la fuente de datos

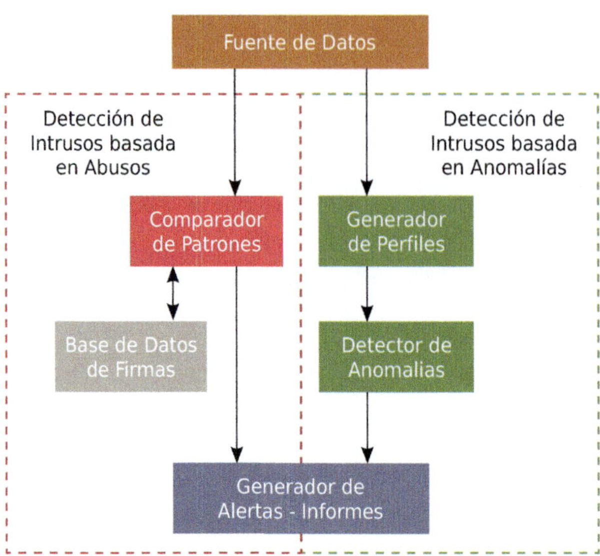

Detección basada en abusos	Detección basada en anomalías
- En este caso, las actividades que ocurren dentro de la red son comparadas con una base de datos de ataques registrados, generando alertas cuando se identifican los ataques. Es una técnica muy utilizada en *software* IDS comercial, ya que alcanza cotas muy altas de precisión y previsibilidad. Sin embargo, las dos debilidades más grandes de esta técnica es que debe mantener una base de datos bien actualizada. Y, además, no es capaz de detectar ataques que no se hayan producido anteriormente. Algunos ejemplos son: *snort, NFR (Network Flight Recorder), NSM (Network Security Monitor), NetRanger* y *RealSecure.*	- En la detección basada en anomalías, la detección funciona comparando todo lo que ocurre en la red con la actividad normal. Para ello, el sistema está aprendiendo continuamente e identificando lo que considera como actividad normal. Analizará el comportamiento inusual tanto en los *hosts* como en el tráfico de red. Para ello, por cada usuario se generará un perfil de comportamiento de la red. A partir de estos perfiles se detectarán los cambios en el comportamiento de la red, aplicando umbrales de detección y medidas estadísticas. Este tipo de IDS no suelen ser empleados en productos comerciales, ya que siguen en continua investigación.

2.4. Clasificación por fuente de información

En función del tipo de origen de la información podemos clasificar los IDS en los dos grandes grupos: NIDS e HIDS. Esta clasificación es la más conocida a nivel mundial.

NIDS

Los NIDS *(Network Based IDS)* analizan el flujo de información entre los equipos, por ejemplo, el tráfico de red. Básicamente, se encuentran monitorizando *(sniff)* todas las comunicaciones de la red en busca de comportamiento anómalos. Esta sería la arquitectura clásica del uso de IDS.

En ellos, el IDS se ubica en cualquiera de los terminales de red, o bien, en elementos por los que pase todo el tráfico de la red como un *hub* o *router*. En esta arquitectura, el propio sistema IDS puede cerrar conexiones y modificar reglas de filtrado.

Arquitectura de red de un sistema NIDS

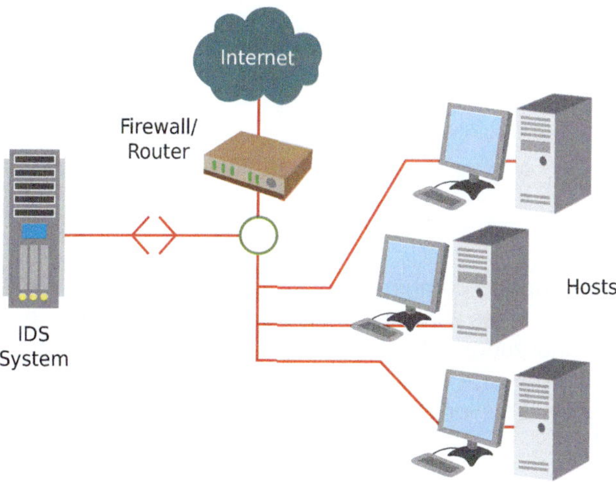

HIDS

Los HIDS *(Host Based IDS)* examinan las acciones de cada *host.* Es decir, aquellas aplicaciones que son usadas, ficheros a los que se acceden, información que reside en los *logs,* etc. Protegen un único sistema, trabajan en *background* dentro del sistema, analizando periódicamente todo lo que llega al sistema, alertando y tomando medidas de control necesarias si se detecta algún proceso anómalo.

Este tipo de arquitecturas permiten realizar análisis a nivel semántico en cada equipo conectado, como llamadas al sistema, eventos complejos dentro de las aplicaciones, etc. Sin embargo, la comunicación cifrada hace que estos sistemas tengan mayores dificultades de distinguir el tráfico malicioso.

Arquitectura de red de un sistema HIDS

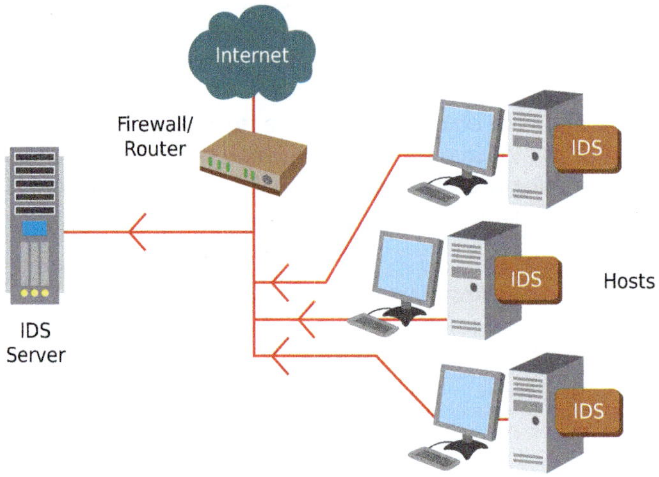

IDS híbrido

Los IDS híbridos combinan las arquitecturas HIDS y NIDS. Este sistema busca obtener las ventajas de los dos anteriores. Están compuestos de un módulo analizador del tráfico que pasa por la red, y de otro módulo que se encuentra en cada uno del *host* que forman la red. En ellos, el coste computacional es mayor y necesitan de un sistema de gestión de alertas sincronizado.

Dentro de los IDS híbridos podemos encontrarnos con la variante de los NNIDS, que permiten recoger el tráfico de la red antes del envío al terminal de destino. Con ello se consigue detectar la anomalía antes de que llegue al terminal de destino.

2.5. Clasificación por estructura

En la clasificación por estructura se tiene en cuenta el modelo de red que componen los elementos del sistema IDS.

Sistemas centralizados

Se basan en una arquitectura donde un solo terminal controla la seguridad de toda la red. Los **NIDS** son un ejemplo de sistema de este tipo, ya que recogen todo el tráfico en un servidor IDS. Tiene facilidad para sincronizar todos los eventos que se producen en la red y, además, la instalación y configuración es más fácil. También el costo es menor.

El problema es que no aprovechan las capacidades de cómputo de los dispositivos conectados a la red. Y lo más grave es que si el dispositivo falla o queda anulado por alguna razón, todo el sistema quedaría sin la supervisión del IDS.

Arquitectura de red de un sistema centralizado de IDS

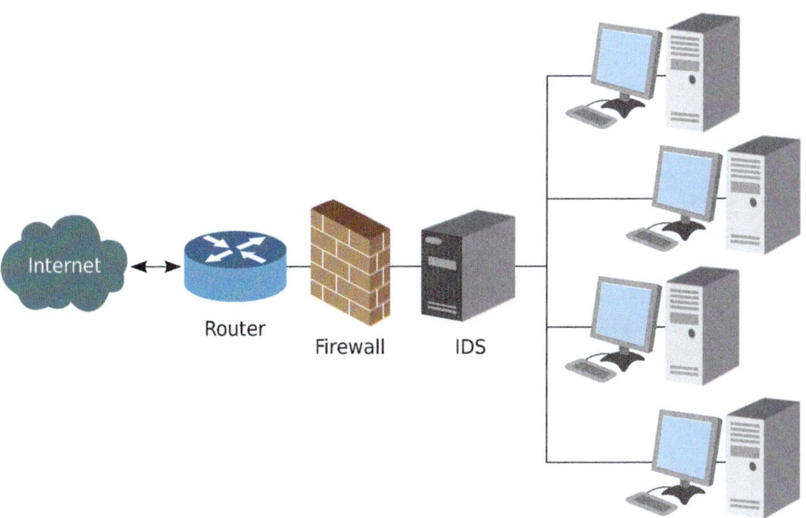

Sistema distribuido

En este caso, los sistemas IDS se ejecutan en los dispositivos o terminales. Los sistemas HIDS son el ejemplo más común. Cada terminal estará protegido por un IDS propio. Aun así, debe existir un dispositivo central que actúe como coordinador, obtenga las alertas de cada terminal y tome las decisiones a las respuestas. Son sistemas con mayor capacidad computacional.

El problema de estos sistemas es que se complica la manera de recoger y administrar la información de todos los eventos que se producen, aumentando los tiempos de detección y los flujos de entrada/salida.

Arquitectura de red de un sistema distribuido de IDS

2.6. Clasificación por comportamiento

Basándonos en las funciones que el IDS realiza tras la notificación de una incidencia en la red se pueden clasificar en los siguientes tipos de IDS.

IDS Activos

Este tipo de IDS cuando detecta un ataque produce una alarma o alerta, la cual es enviada inmediatamente al administrador de red. Tras ello, el sistema empieza a trabajar para evitar el ataque y minimizar los daños. Entre las acciones que puede llevar están las de cerrar puertos, aislar dispositivos para impedir el acceso o bloquear procesos. Pero hay que tener en cuenta que el IDS por sí solo no puede detener el ataque, lo que hace es reprogramar el *firewall*.

IDS Pasivos

Los **IDS pasivos,** en cambio, generan una alerta cuando se detecta el ataque, enviando información sobre los paquetes que la han provocado y el motivo. Tienen menos coste computacional y requieren la supervisión de los administradores.

Secuencia de decisiones de IDS Activos/Pasivos

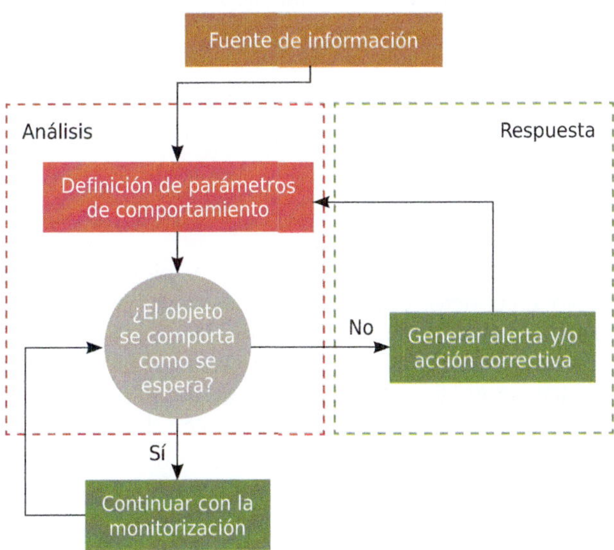

En general, toda arquitectura de IDS está formada por los siguientes elementos:

La fuente de recogida de datos. Estas fuentes pueden ser un log, dispositivo de red o como en el caso de los IDS basados en *host*, el propio sistema.

Reglas que contienen los datos y patrones para detectar anomalías de seguridad en el sistema.

Filtros que comparan los datos que son capturados en la red o de logs, con los patrones almacenados en las reglas.

Detectores de eventos anormales en el tráfico de red.

Dispositivo generador de informes y alarmas. En algunos casos con la sofisticación suficiente como para enviar alertas vía *e-mail*, o SMS.

ACTIVIDAD COMPLEMENTARIA

21. ¿Cuál crees que sería la mejor ubicación para un IDS/IPS de tipo NIDS/NIPS en una red?

2.7. IPS

Los **sistemas IPS** son también sistemas IDS, pero con un comportamiento más activo. En concreto, un IDS activo puede llegar a tomar ciertas decisiones cuando detecta una amenaza como cambiar los filtros de los *firewalls* para evitar el tráfico de los paquetes maliciosos. La diferencia fundamental entre un IDS activo y un IPS es que este último es capaz de bloquear los paquetes del atacante modificando su contenido.

Las principales características de un IPS son:

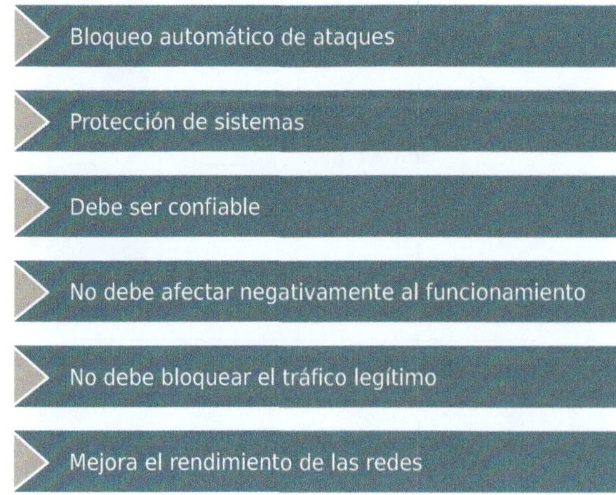

Las arquitecturas de los IPS se clasifican por su ubicación. Y, al igual que en los IDS, existe dos arquitecturas básicas: **HIPS** y **NIPS.**

HIPS

Igual que HIDS, HIPS *(HostIPS)* requiere un agente instalado en cada terminal o dispositivo que necesita la protección. Cada agente se comunicará con un equipo central que supervisará las alertas, sincronizará y permitirá configurar la red para corregir las incidencias de seguridad.

La ventaja del HIPS es que puede analizar los datos después de que hayan sido descifrados, por lo que es capaz de detectar fallos semánticos de seguridad.

Arquitectura de ejemplo de una red de tipo HIPS

NIPS

Los **NIPS** *(Network Based IPS)* solo poseen un equipo o dispositivo IPS conectado a la red. Este se encarga de analizar el tráfico antes de que llegue a su destino. Un NIPS no utiliza el procesador y, a diferencia del HIPS, no impacta en el rendimiento del terminal. Es más rápido en detectar incidencias en la red. Sin embargo, carece del análisis semántico de la arquitectura HIPS.

Arquitectura de red para un sistema con IPS en red

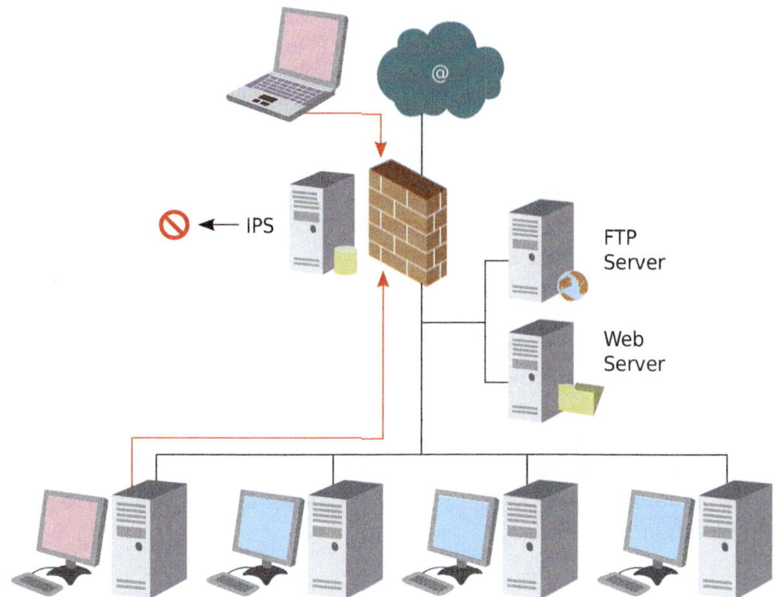

 **TAREA 14**

Como somos responsables de la red en nuestra empresa, hemos decidido implantar un sistema de detección de intrusos. El problema es que disponemos de dos subredes con dos *firewalls* distintos.

Elabora un gráfico con la arquitectura de red que mejor se adapte a la empresa, sabiendo que nuestros equipos tienen un elevado rendimiento computacional y que nuestro sistema de información tiene previsto expandirse a otros departamentos.

3. Herramientas de *software*

👉 HILO CONDUCTOR

Sergio ya se ha decidido en utilizar un IDS para la detección de intrusiones y ahora necesita elegir un producto comercial para su implantación en la red corporativa. Para ello, primero analizará las opciones y alternativas de las que dispone.

Existen muchas herramientas, tanto comerciales como libres para implantar un sistema de detección de intrusiones en nuestra red corporativa.

Entre todas ellas, destacan las herramientas *Opensource* como *Snort, Suricata, Bro, Kismet.* Todas ellas permiten una arquitectura HIDS, mientras que herramientas como: OSSEC, *Tripwire Opensource* o *Samhain* lo hacen para una arquitectura NIDS.

 ACTIVIDAD COMPLEMENTARIA

22. Busca en internet y elabora una tabla comparativa donde aparezca cada una de las herramientas IDS/IPS e información referente a la plataforma para la que existe soporte de estas herramientas, así como la arquitectura por defecto que implementan.

3.1. *Snort*

Un IDS conocido es la aplicación *snort (Software GPL).* Su primera versión es del año 1998 y no surgió como un IDS puro, pero con el tiempo se ha convertido en un estándar en los sistemas de detección de intrusiones y también en los de prevención.

Snort captura los paquetes de las comunicaciones y es capaz de analizarlos en busca de correspondencias con patrones de intrusiones, cruzando información almacenada en los *logs* de texto o en BBDD. Además, permite una rápida generación de toda esta información para su visualización en tiempo real.

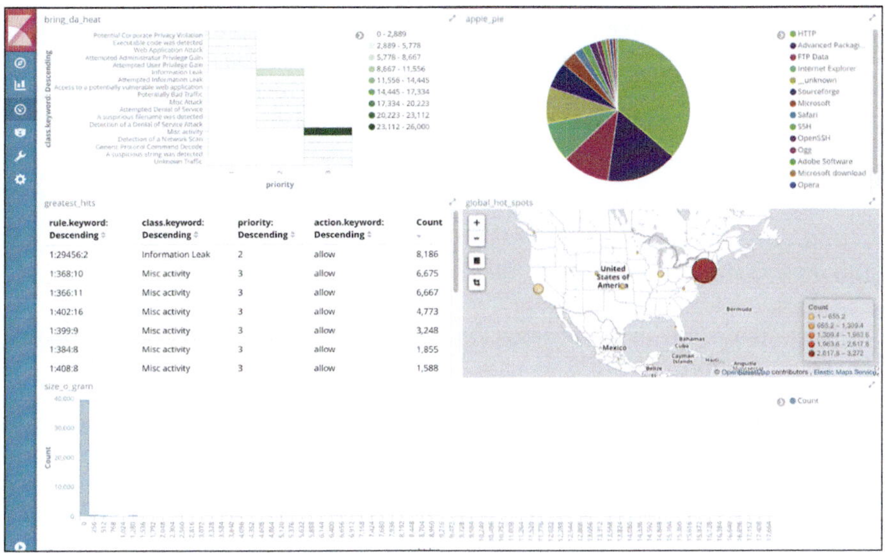

Panel de control de snort

Entre sus **ventajas** e **inconvenientes,** destacan las siguientes:

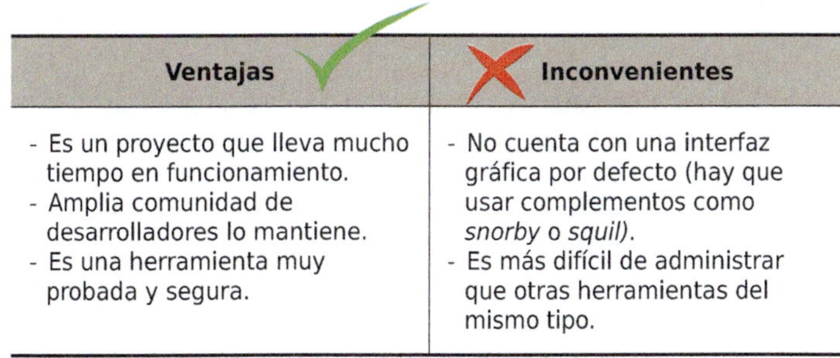

Ventajas	Inconvenientes
- Es un proyecto que lleva mucho tiempo en funcionamiento. - Amplia comunidad de desarrolladores lo mantiene. - Es una herramienta muy probada y segura.	- No cuenta con una interfaz gráfica por defecto (hay que usar complementos como *snorby* o *squil*). - Es más difícil de administrar que otras herramientas del mismo tipo.

A pesar de no contar con una interfaz gráfica, existen herramientas *open-source* como *snorby* y *squil* que permiten dotarlo de este tipo de capacidades.

 **SABÍAS QUE...**

Hoy en día, *snort* es considerado un estándar de factor en prevención y detección de intrusos, que cuenta con más de 4 millones de descargas y cerca de 400.000 usuarios registrados. Estos datos la sitúan como la tecnología en prevención y detección de intrusos con mayor despliegue mundial.

Guía de instalación de *snort*

A continuación, especificamos los pasos a seguir para la instalación de un servidor *snort,* como IPS.

Preparando el servidor

Primero necesitamos instalar todos los prerrequisitos de *software* en el servidor.

```
1  $ sudo apt install -y gcc libpcre3-dev zlib1g-dev libpcap-dev openssl libssl-dev
   libnghttp2-dev libdumbnet-dev bison flex libdnet ↵
```

Con todos los prerrequisitos instalados. Lo próximo es descargar e instalar manualmente desde el origen.

Instalando desde la fuente

Descargamos, configuramos, compilamos, instalamos *snort* y, finalmente, configuramos la detección de reglas.

Comenzamos creando un directorio temporal en nuestro directorio *home* y nos situaremos en él.

```
2  $ mkdir ~/snort_src && cd ~/snort_src ↵
```

Snort usa algo denominado *Data Acquisition Library (DAQ)* para hacer llamadas abstractas a librerías de captura de paquetes. Hay que descargar el último paquete de las fuentes DAQ desde la página web de *snort*.

```
3   $ wget https://www.snort.org/downloads/snort/daq-2.0.6.tar.gz ↵
```

Tras la descarga, extraemos el código fuente y nos ubicamos en el nuevo directorio:

```
4   $ tar -xvzf daq-2.0.6.tar.gz ↵
5   $ cd daq-2.0.6 ↵
```

Procedemos a la configuración, compilación e instalación del código del DAQ:

```
6   $ ./configure && make && sudo make install ↵
```

Ahora volvemos a la preparación de *snort*. Lo próximo será obtener el código fuente de *snort*.

Extraemos, nos ubicamos en el directorio de extracción y configuramos, compilamos e instalamos *snort:*

```
7    $ cd ~/snort.src ↵
8    $ wget https://www.snort.org/downloads/snort/snort-2.9.11.1.tar.gz ↵
9    $ tar -xvzf snort-2.9.11.1.tar.gz ↵
10   $ cd snort-2.9.11.1 ↵
11   $ ./configure --enable-sourcefire && make && sudo make install ↵
```

Configuración de snort para arrancar en modo NIDS

Para ello, editamos algunos ficheros de configuración, descargamos las reglas que *snort* seguirá y haremos una prueba de ejecución:

Comenzamos actualizando las librerías compartidas:

```
12   $ sudo ldconfig ↵
```

Snort será instalado en el directorio /usr/local/bin/snort, por lo que es buena práctica crear un enlace simbólico a /usr/sbin/snort.

```
13   $ sudo ln -s /usr/local/bin/snort /usr/sbin/snort ↵
```

Estableciendo el nombre de usuario y la estructura de directorios

Para arrancar *snort* en un entorno seguro debemos crear un nuevo usuario sin privilegios y un nuevo grupo para el demonio que arrancará *snort*.

```
14   $ sudo groupadd snort ↵
15   $ sudo useradd snort -r -s /sbin/nologin -c SNORT_IDS -g snort ↵
```

Después, creamos la estructura de directorios que usará *snort* para alojar la configuración y el diario.

```
16   $ sudo mkdir -p /etc/snort/rules ↵
17   $ sudo mkdir /var/log/snort ↵
18   $ sudo mkdir /usr/local/lib/snort_dynamicrules ↵
```

Establecemos los permisos adecuados para los directorios de *snort:*

```
19   $ sudo chmod -R 5775 /etc/snort ↵
20   $ sudo chmod -R 5775 /var/log/snort ↵
21   $ sudo chmod -R 5775 /usr/local/lib/snort_dynamicrules ↵
22   $ sudo chown -R snort:snort /etc/snort ↵
23   $ sudo chown -R snort:snort /var/log/snort ↵
24   $ sudo chown -R snort:snort /usr/local/lib/snort_dynamicrules ↵
```

Creamos los ficheros para las listas blancas y negras de reglas, así como las reglas locales.

```
25   $ sudo touch /etc/snort/rules/white_list.rules ↵
26   $ sudo touch /etc/snort/rules/black_list.rules ↵
27   $ sudo touch /etc/snort/rules/local.rules ↵
```

Después, copiamos los ficheros de configuración a los directorios descargados:

```
27   $ sudo cp ~/snort_src/snort-2.9.11.1/etc/*.conf* /etc/snort ↵
28   $ sudo cp ~/snort_src/snort-2.9.11.1/etc/*.map /etc/snort ↵
```

Lo próximo es descargar las reglas de detección que servirán para identificar amenazas potenciales. *Snort* proporciona tres conjuntos de reglas:

- ⮎ Las reglas **comunitarias** están disponibles libremente, aunque poseen ligeras limitaciones.
- ⮎ Las reglas de **registro** son reglas que están disponibles si te registras en la página web oficial de *snort*.
- ⮎ Las reglas de **suscripción** son reglas que solo pueden obtener los usuarios suscritos a *snort*.

Usando las reglas comunitarias

A continuación, vamos a explicar cómo obtener las reglas comunitarias:

```
29   $ wget https://www.snort.org/rules/community -O ~/community.tar.gz ↵
```

Extraemos las reglas y las copiamos en el directorio reservado para ellas:

```
30   $ sudo tar -xvf ~/community.tar.gz -C ~/ ↵
31   $ sudo cp ~/community-rules/* /etc/snort/rules ↵
```

Por defecto, *snort* busca en una ubicación diferente los ficheros con reglas y no están incluidas las reglas comunitarias. Podemos fácilmente desactivar estas ubicaciones de la siguiente manera:

```
32   $ sudo sed -i 's/include \$RULE\_PATH/#include \$RULE\_PATH/' /etc/snort/snort.conf ↵
```

Configurando la red y el conjunto de reglas

Con los ficheros de configuración de reglas en su ubicación hay que editar el fichero snort.conf para modificar algunos parámetros.

```
33   $ sudo nano /etc/snort/snort.conf ↵
```

```
/etc/snort/snort.conf

# Setup the network addresses you are protecting
ipvar HOME_NET <server public IP>/32

# Set up the external network addresses. Leave as "any" in most situations
ipvar EXTERNAL_NET !$HOME_NET

# Path to your rules files (this can be a relative path)
var RULE_PATH /etc/snort/rules
var SO_RULE_PATH /etc/snort/so_rules
var PREPROC_RULE_PATH /etc/snort/preproc_rules

# Set the absolute path appropriately
var WHITE_LIST_PATH /etc/snort/rules
var BLACK_LIST_PATH /etc/snort/rules

# unified2
# Recommended for most installs
output unified2: filename snort.log, limit 128

include $RULE_PATH/local.rules
include $RULE_PATH/community.rules
```

Validando configuración

Ahora *snort* debería estar preparado para ser ejecutado y testeado.

```
34   $ sudo snort -T -c /etc/snort/snort.conf ↵
```

```
--== Initialization Complete ==--

          -*> Snort! <*-
  ,'-
 o"  )-   Version 2.9.11.1 GRE (Build 268)
  ''''    By Martin Roesch & The Snort Team: http://www.snort.org/contact#team
          Copyright (C) 2014-2017 Cisco and/or its affiliates. All rights reserved.
          Copyright (C) 1998-2013 Sourcefire, Inc., et al.
          Using libpcap version 1.7.4
          Using PCRE version: 8.38 2015-11-23
          Using ZLIB version: 1.2.8

          Rules Engine: SF_SNORT_DETECTION_ENGINE  Version 3.0
          Preprocessor Object: SF_DCERPC2  Version 1.0
          Preprocessor Object: SF_SSH  Version 1.1
          Preprocessor Object: SF_FTPTELNET  Version 1.2
          Preprocessor Object: SF_SDF  Version 1.1
          Preprocessor Object: SF_DNP3  Version 1.1
          Preprocessor Object: SF_REPUTATION  Version 1.1
          Preprocessor Object: SF_IMAP  Version 1.0
          Preprocessor Object: SF_SMTP  Version 1.1
          Preprocessor Object: SF_GTP  Version 1.1
          Preprocessor Object: SF_MODBUS  Version 1.1
          Preprocessor Object: SF_POP  Version 1.0
          Preprocessor Object: SF_DNS  Version 1.1
          Preprocessor Object: SF_SSLPP  Version 1.1
          Preprocessor Object: SF_SIP  Version 1.1

Snort successfully validated the configuration!
Snort exiting
```

Ejecutando snort

El siguiente paso es ejecutar *snort* en segundo plano. Para ello, necesitamos crear un *script* de inicio para *snort*.

```
35   $ sudo nano /lib/systemd/system/snort.service ↵
```

```
[Unit]
Description=Snort NIDS Daemon
After=syslog.target network.target

[Service]
Type=simple
ExecStart=/usr/local/bin/snort -q -u snort -g snort -c /etc/snort/snort.conf -i eth0

[Install]
WantedBy=multi-user.target
```

Ahora procedemos a reiniciar el demonio systemctl:

```
36   $ sudo systemctl daemon-reload ↵
```

Y por último, iniciamos *snort* usando el demonio systemctl:

```
37   $ sudo systemctl start snort ↵
```

3.2. *Suricata*

Esta es la otra gran alternativa a los IDS/IPS *opensource,* aunque la arquitectura es ligeramente diferente a *snort* los comportamientos son los mismos,
utilizan las mismas firmas e incluso se puede utilizar sobre *snort* para aprovechar las ventajas de cada uno, lo que lo convierte en la alternativa más
completa.

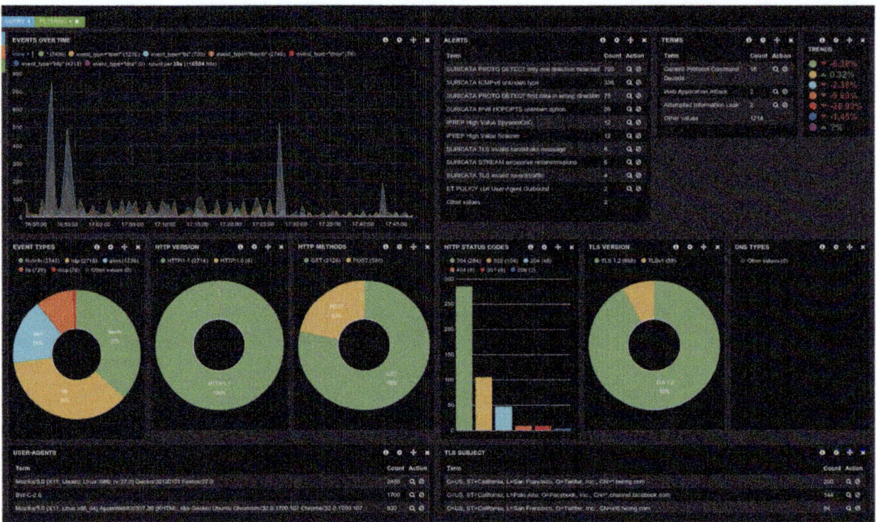

Panel de administración de suricata

Entre los aspectos claves de *suricata* destacan las siguientes características:

Multhilo
- *Suricata* aprovecha los procesadores *multikernel* y *multithreading*, con lo cual el rendimiento de esta herramienta está muy por encima de sus competidores directos como *snort*, el cual solo permite la ejecución en un solo *kernel*.

Aceleración mediante *hardware*
- Permite reprogramar las tarjetas gráficas para que ayuden en el trabajo de inspección y análisis de los paquetes que llegan de la red.

Extracción de ficheros
- Cuando alguien se descarga un programa *malware* en un entorno *suricata*, este es capaz de detectarlo, analizar y estudiar el *software* descargado para evitar que provoque incidencias en los sistemas bajo su supervisión.

LuaJIT
- Es un procesador de script que extiende al que *suricata* trae por defecto, permitiendo dotarlo de capacidades de combinar reglas de filtrado y análisis para una búsqueda más rápida de elementos críticos.

Más que paquetes
- *Suricata* no solo se limita al análisis de los paquetes, también es capaz de revisar los certificados TLS/SSL, las peticiones DNS, DHCP, HTTP, etc.

3.3. *Bro*

También denominado ***Bro-IDS,*** es algo distinto a los anteriores ya que se basa principalmente en detección de anomalías y firmas. Cuando *Bro* captura el tráfico genera eventos de red.

Sin embargo, el punto fuerte es que utiliza un intérprete de políticas *script* *(Bro-Script)* que ofrece posibilidades de automatización muy interesantes.

Como ejemplo, si un usuario se descargara un fichero infectado o como posible ataque, podríamos configurar *Bro* para automatizar la tarea de descargarlo del equipo que lo obtuvo, analizarlo, notificar al administrador de la incidencia, incluirlo en una lista negra de códigos o fuentes perjudiciales y, finalmente, apagar el equipo del usuario que lo descargó.

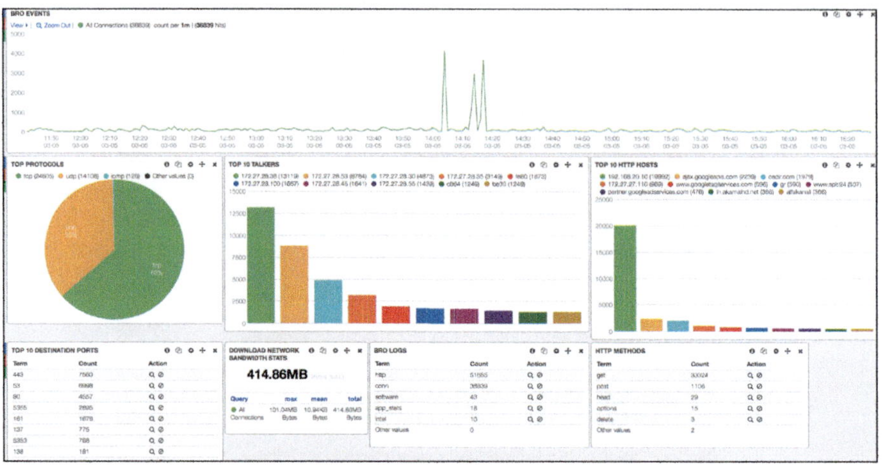

Panel de control de Bro

La principal desventaja es que tiene una curva de aprendizaje muy elevada, aunque merece la pena porque es capaz de analizar y detectar más patrones de seguridad que sus competidores.

3.4. *Kismet (wireless)*

Esta herramienta se ha ido convirtiendo en el estándar y referencia directa para los IDS en entornos de red inalámbricos. Debido, principalmente, a que un IDS de este tipo debe focalizarse más en los eventos que suceden en la red y menos en la carga de paquetes, podemos decir que se ha especializado en un funcionamiento pasivo y en la detección de puntos de acceso y clientes inalámbricos.

Panel de control de kismet

Entre muchas características, esta herramienta será capaz de detectar puntos de acceso falsos o simulados con herramientas de *hacking*.

Hasta ahora, hemos hablado de herramientas basadas IDS de red. Sin embargo, existen otras herramientas para la implantación de arquitecturas HIDS. Como ya sabemos, funcionan analizando la actividad interna de los equipos informáticos conectados a la red.

3.5. *OSSEC*

Si *snort* y *suricata* son las herramientas por excelencia para los NIDS, OSSEC lo es para los HIDS. OSSEC es la referencia absoluta para este tipo de sistemas y no hay ninguna otra herramienta que le haga sombra en la actualidad. Fue liberado en 2008.

Utiliza una arquitectura cliente-servidor para gestionar la información importante de todas las terminales de red que utilizan el sistema de detección. Esto permite que, si se compromete el *host* IDS, los datos estarán a salvo en una ubicación para su análisis.

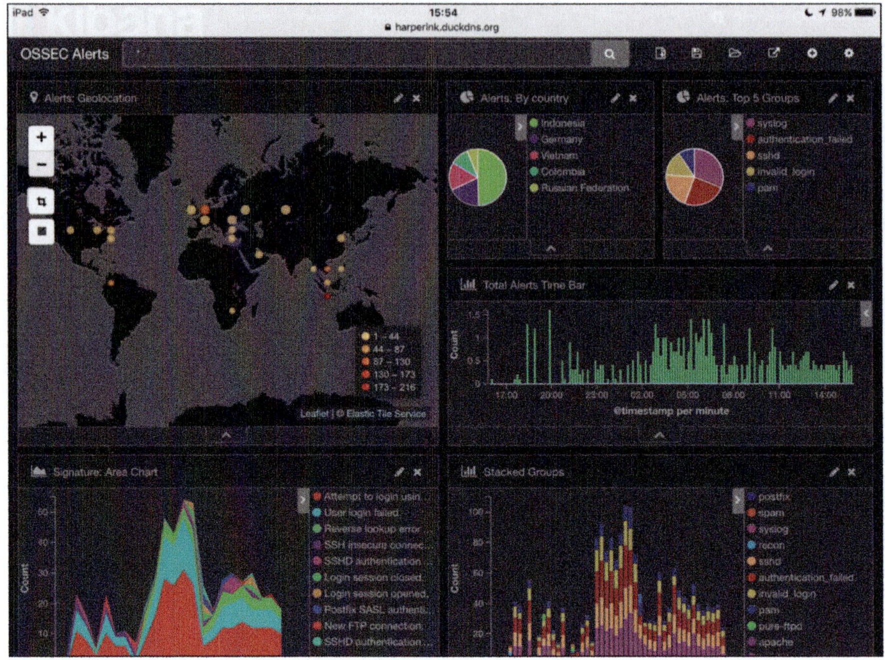

Panel de control de OSSEC

Como principales **características,** destacan:

- ➲ Agentes disponibles para cualquier plataforma y/o sistema operativo.
- ➲ Agentes compilados para *Windows.*
- ➲ Instalación sencilla.
- ➲ Funcionalidad muy extensa.

Además, el núcleo de OSSEC posee un motor de análisis que le permite procesar diferentes dispositivos y formatos:

Servicios compatibles con OSSEC

Postfix	PostgreSQL	Nmap	Unix
vsftpd	MySQL	Arpwatch	Squid

Continúa en página siguiente >>

<< Viene de página anterior

3.6. *Tripwire opensource*

Fue liberado en 1992, y es entonces pionero de la tecnología HIDS. Hoy en día, algunas de sus características de entonces son estándares de la industria. Existe una versión de pago y otra gratuita. Y, aunque la versión gratuita tiene menos capacidades, aun así, es una herramienta muy completa y su uso está recomendado en empresas.

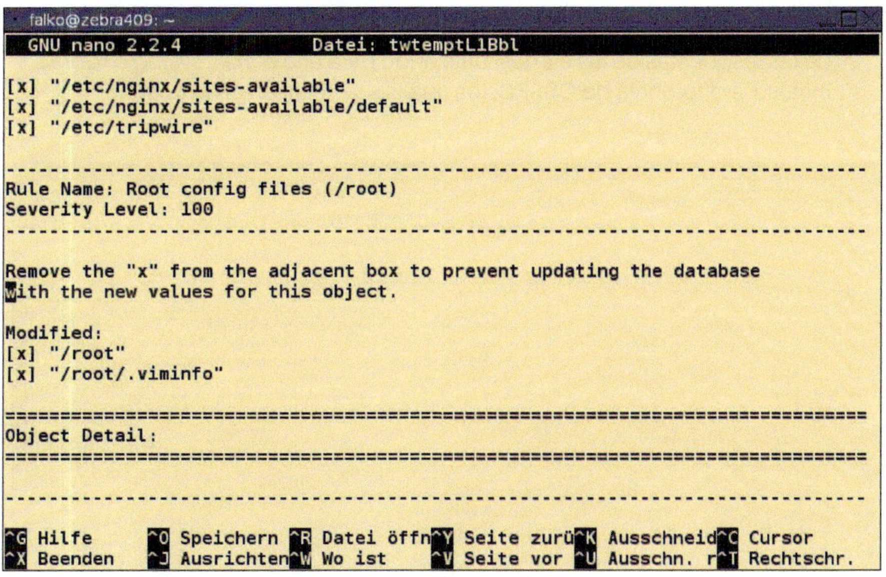

Panel de control de tripwire

Los agentes o *host* de *tripwire* monitorizan los sistemas *Linux* para comprobar si hay cambios no autorizados en el sistema de ficheros, creando previamente una "línea base" guardada en un fichero cifrado.

Hay que tener en cuenta **dos características** importantes de *tripwire*:

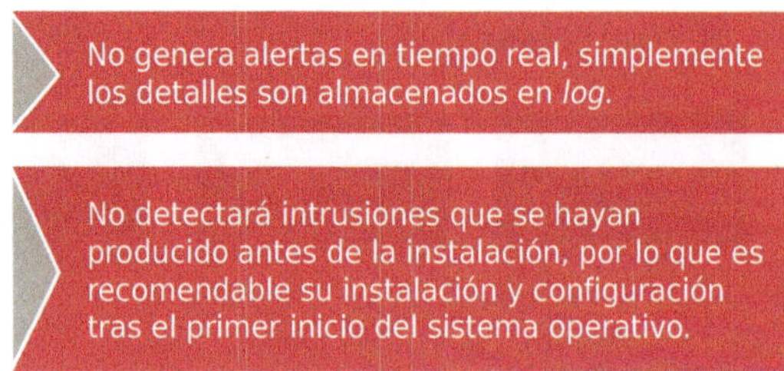

3.7. *Samhain*

Esta es la herramienta que hace la competencia directa a OSSEC. No se basa en una arquitectura cliente-servidor como la anterior, por lo que las comparaciones estarían un poco desvirtuadas.

El agente implantado en cada *host* puede actuar por sí mismo para el envío de las respuestas de las alertas, utilizando para ello *e-mail, syslog* o *rdbms.* E incluso, a diferencia de OSSEC, los análisis se realizan en el *host.*

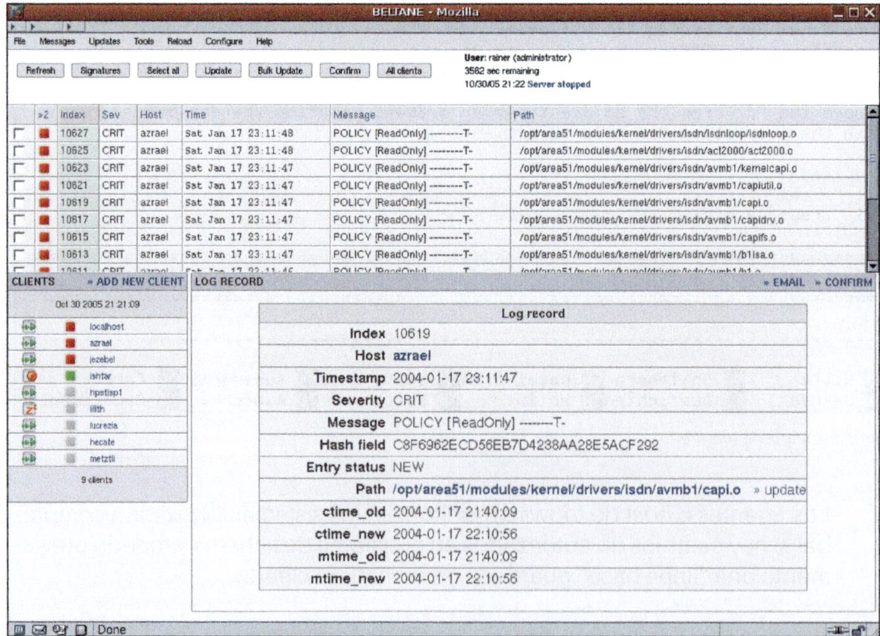

Panel de control de Samhain

4. Captura de intrusos con *honeypots*

👉 HILO CONDUCTOR

Sergio está contemplando la posibilidad de incluir ciertos mecanismos de defensa para los ataques que se produzcan en su red. Existe cierta información importante o crítica que quiere asegurar, para lo que ha pensado utilizar señuelos o trampas por si todo lo demás falla. Es decir, quiere que si se produce un ataque se haga a un servidor pensado para atraer la atención del atacante como un oso a la miel de una colmena.

Un ***honeypot*** se traduce como "tarro de miel" y, desde el punto de vista de la seguridad, es una herramienta o conjunto de procedimientos muy flexibles que, a pesar de no solucionar ningún problema de seguridad como un *firewall* o IDS, permite analizar y aportar gran cantidad de información al administrador.

Ejemplo de arquitectura de red para un sistema con dos honeypots

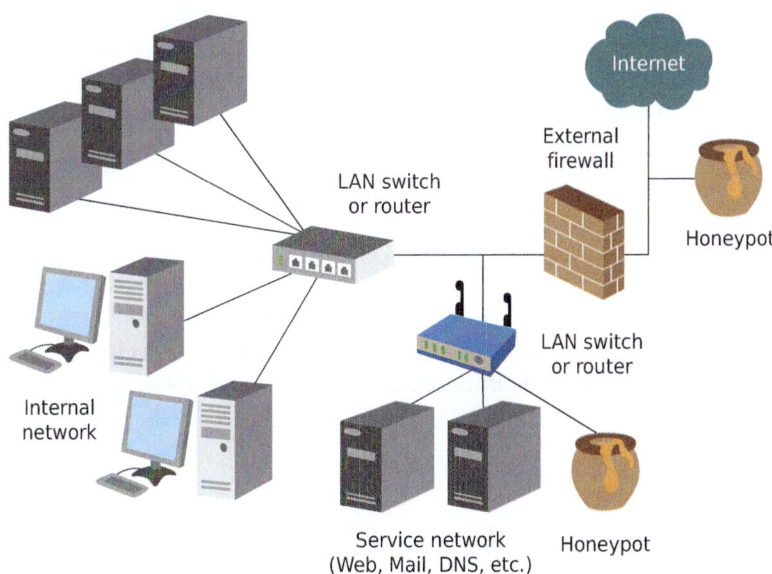

La función de prevención del *honeypot* se puede alcanzar desde dos vías distintas:

> Por un lado, cuando se produce un ataque automatizado como gusanos o *autorooters*, estos analizan la red en busca de sistemas vulnerables. Una vez hayan detectado el *honeypot*, lo atacarán indiscriminadamente. Una opción es ralentizar estos escaneos ubicando muchos *honeypots* alrededor de la red.

> Por otro lado, cuando el ataque es detectado se procede a responder al ataque bloqueando al atacante.

Si el atacante detecta el uso de *honeypots* debe hacer una análisis previo de los sistemas que están implantados bajo ellos, y necesitará más tiempo para evitar ser detectado, con lo cual puede que desista del intento.

ACTIVIDAD COMPLEMENTARIA

23. Busca en internet listados de honeypots, elige uno e investiga cómo usarlo, cuáles son sus características y qué señuelo utiliza para captar la atención del atacante.

4.1. Tipos de *honeypots*

La clasificación de los *honeypots* se puede realizar a partir de varios criterios: **según el nivel de interacción** y **según su despliegue.**

Según el nivel de interacción

Dependiendo del tipo de operaciones que permitamos al atacante realizar podemos tener un nivel de interacción entre bajo, medio o alto. También puede aumentar en función del tipo de información que el *honeypot* aporta sobre la actividad del atacante. Una alta interacción siempre tendrá el riesgo de que un atacante se salte el *honeypot* por una mala configuración y acceda al sistema en producción.

Tabla de características de los tipos de *honeypots* según el nivel de actividad

Nivel de interacción	Instalación y configuración	Despliegue y mantenimiento	Recolección de información	Nivel de riesgo
Bajo	Fácil	Fácil	Limitada	Bajo
Medio	Variable	Variable	Variable	Medio
Alto	Difícil	Difícil	Extensiva	Alto

Baja interacción
- Se emplea en entornos en producción, se limita a mostrar determinados puertos abiertos (simulando servicios) y a permitir intentos de conexión (a servicios que no están escuchando, por lo que serán intentos fallidos), también mostrarán *banners* de servicios.
- Son fáciles de instalar, configurar y desplegar. Los datos más comunes que obtienen del atacante son la información de origen y las credenciales utilizadas para acceder al servicio simulado. No detectan gran cantidad de *exploits* desconocidos.
- Este tipo de *honeypot* se asocia con los *honeypots* virtuales, ya que el nivel de interacción permite virtualizar los servicios en lugar de implementarlos realmente.

Media interacción
- Ofrecen menos funcionalidades, lo que los limita a emular servicios vulnerables pero permite capturar *malware* que se intente cargar. Permite un grado de virtualización lo suficientemente elevado como para enjaular la actividad del atacante.

Alta interacción
- Se componen de un conjunto de herramientas, ya sea arquitectura o red completa. No suele implantarse en entornos de producción y se deja reservada para usos de investigación. Ofrecen un sistema operativo completo para que el atacante pueda interactuar con él.
- No hay información útil en el interior y, a diferencia de otras *honeypots*, deben situarse detrás del *firewall* para evitar el riesgo que supondría comprometer el *honeypot*.

Según su despliegue

Esta clasificación depende del entorno operativo en el que residen, y su evaluación se hará en la magnitud del riesgo y recompensa.

Físicas	Virtuales
- No utilizan ningún mecanismo de virtualización. Tienen la ventaja de que el atacante tendrá las respuestas comunes de un sistema real, por lo que será más difícil detectar el engaño. La principal desventaja es que, si el sistema es comprometido, el atacante podrá usarlo como puente para obtener acceso y atacar los sistemas de información de la red.	- Se basan en virtualizar determinados servicios que serán monitorizados, analizados y registrados. - Su ventaja es que son más económicos y seguros porque aunque el atacante consiga comprometer el sistema virtualizado, todavía necesitará comprometer el sistema anfitrión para conseguir atacar los sistemas de producción. - La desventaja es que estos sistemas solo consiguen engañar a atacantes con poca experiencia o habilidad.

4.2. Herramientas para desplegar *honeypots*

Algunas herramientas reconocidas para implantar *honeypots* son las siguientes:

- **Artillery:** es una combinación de *honeypot,* herramienta de monitorización y sistema de alerta. Se suele encontrar envuelta en un sistema de monitorización donde se detectan configuraciones de seguridad deficientes. Es muy sencilla de instalar y ofrece capacidad para configurar múltiples puertos de ataque, si alguien se conecta entra en una lista negra. Es capaz de monitorizar los directorios que elijas y los diarios ssh y accesos por fuerza bruta. Si ocurre un ataque envía inmediatamente un *e-mail* indicando la incidencia.
- **Kippo:** es un *honeypot* que ha sido desarrollado en *python* y cuyo objetivo es simular un servicio ssh para cualquier agente externo. Una de las mayores ventajas del uso de *kippo* es que se puede lanzar desde un *script* de *python.* Emula sistemas de ficheros, contenido de ficheros y es capaz de almacenar los registros de actividad en UML.
- **KFSensor:** este *honeypot* simula servicios del sistema y vulnerabilidades. Es un *honeypot* para plataformas *windows.* Entre algunas características especiales se encuentra la posibilidad de gestión remota. Además,

permite la transferencia de una gran cantidad de información de la actividad del atacante.

➲ ***HoneyBOT:*** se trata de un *honeypot* para sistemas *windows.* Estos *honeypots* de baja interacción funcionan abriendo un rango amplio de *sockets* que pueden ser atacados por los agentes externos. Cuando se producen los ataques todo queda registrado y es enviado a los administradores de redes.

➲ ***Conpot:*** al igual que el *HoneyBOT,* se trata de un *honeypot* de baja interacción diseñado para un despliegue fácil y simple en entorno de control de sistemas industriales. Proporcionan una variedad muy alta de protocolos para emular y permite configurar los tiempos de respuesta a estos protocolos para hacer más creíble la interacción con el sistema.

 **TAREA 15**

En nuestra empresa se ha detectado recientemente que una amenaza eliminó cierta información de los servidores principales. Sin embargo, no se sabe ni el origen ni el momento en que se produjo la incidencia. La dirección de la empresa te pide, como informático, que implantes un sistema de detección de intrusos y lo configures para monitorizar en tiempo real lo que sucede en la red con el fin de que no se vuelva a repetir una situación similar.

Instala y configura *snort* en tu equipo y prepáralo para recibir alertas de posibles incidencias. Como la amenaza fue desconocida, deberás regístrate en la página web de *snort*, descargar e instalar las reglas de tipo registro junto con las de tipo comunitario.

5. Resumen

En esta unidad hemos visto que el administrador de redes tiene herramientas y técnicas muy potentes para reforzar y complementar la seguridad de la red.

En una primera parte, se han presentado los IDS e IPS, que otorgan capacidad de detección de ataques. En la unidad anterior vimos cómo los *firewalls* son elementos o dispositivos capaces de filtrar la información en función de los servicios prestados o autorizados en la red, pero no tienen capacidades para detectar si se utilizan o no de forma correcta. Los IDS e IPS vistos en esta unidad añaden esta funcionalidad necesaria para dotar a la red de la seguridad definitiva.

Arquitectura de red de un sistema con IDS

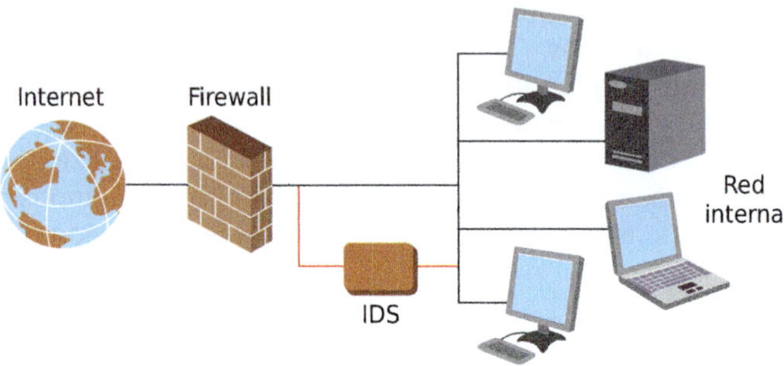

Hemos visto sus principales configuraciones bajo la red: **HIDS** y **NIDS.** Dos maneras distintas de llegar a un objetivo común que es detectar el mayor número posible de ataques y amenazas potenciales en la red. La diferencia entre ellas es determinar quién tiene la carga computacional del análisis de la información.

Arquitectura de red básica para los modelos de IDS NIDS y HIDS

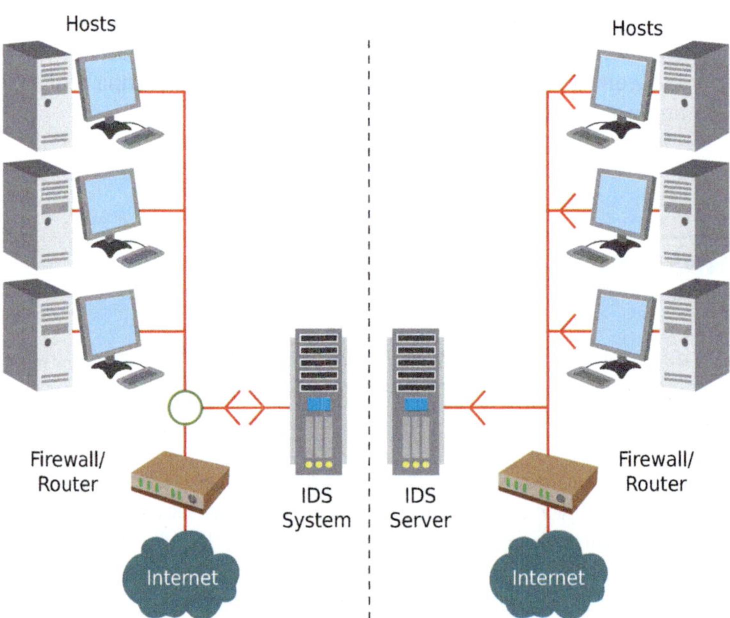

Se han nombrado y explicado con detalle algunas de las soluciones de *software* comerciales para herramientas IDS/IPS, e incluso hemos elaborado una pequeña guía de instalación y configuración de *snort,* un IDS basado en NIDS muy conocido y utilizado en la vida real.

Por último, hemos hablamos de los *honeypots,* sistemas camuflados que nos permiten engañar y atrapar a atacantes que buscan penetrar en nuestra red. Son un complemento a la seguridad de la red y, en algunos casos, muy útiles para detectar ataques muy sofisticados que pueden saltarse otras barreras como *firewalls* e IDS.

Ejemplo de arquitectura de red para un sistema con dos honeypots

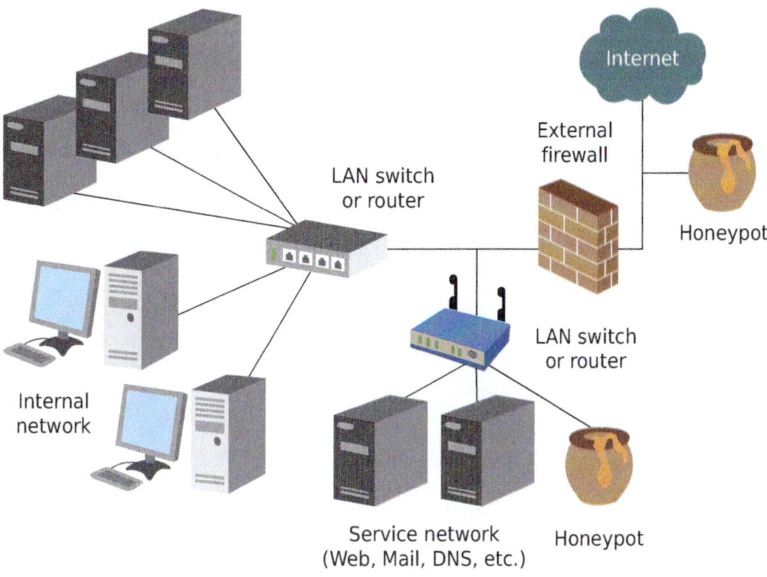

Ejercicios de autoevaluación
Unidad de Aprendizaje 7

1. ¿Qué significan las siglas IDS e IPS?

    a. *Internet Digital Software* y *Internet Prevent Software*.
    b. Sistema de detección de intrusos y sistema de prevención de intrusiones.
    c. Sistema de control de intrusos y sistema de anulación de intrusiones.
    d. Todas las opciones son incorrectas.

2. ¿Cuáles son las principales funciones de un IDS?

    a. Monitorizar/Detectar/Alertar/Analizar.
    b. Monitorizar/Detectar.
    c. Alertar/Analizar.
    d. Filtrar/Detectar/Alertar.

3. ¿A qué clasificación corresponde el tipo de IDS basado en NIDS?

    a. Clasificación por tipo de análisis.
    b. Clasificación por fuente de información.
    c. Clasificación por estructura.
    d. Clasificación por comportamiento.

4. Determina si la siguiente oración es verdadera o falsa: "Las arquitecturas IDS basadas en HIDS examinan las acciones de cada *host* en el que residen".

    ■ Verdadero
    ■ Falso

5. ¿Cuál es la diferencia más importante entre un IDS y un IPS?

    a. Un IPS es capaz de bloquear paquetes del atacante modificando su contenido, un IDS no.
    b. Un IPS no es capaz de bloquear paquetes, un IDS sí.

c. El IDS detecta y el IPS solo previene.
d. Un IDS puede convertirse en un IPS si se configura en modo más activo.

6. **Determina si la siguiente oración es verdadera o falsa: "*Snort* es una herramienta IDS muy utilizada para arquitecturas NIDS".**

   ■ Verdadero
   ■ Falso

7. **Una ventaja que posee *suricata* respecto a *snort* es que...**

   a. ... *suricata* posee soporte multihilo.
   b. ... *suricata* no posee aceleración por *hardware*.
   c. ... no posee tantos paquetes.
   d. ... no extrae ficheros.

8. **Determina si la siguiente oración es verdadera o falsa: "OSSEC utiliza el modelo cliente-servidor para gestionar la información que es necesario sincronizar entre los *hosts* y el servidor IDS".**

   ■ Verdadero
   ■ Falso

9. **Si tuvieras que elegir una palabra para describir un *honeypot*, ¿cuál de estas usarías?**

   a. Tarro de miel
   b. Filtro
   c. Señuelo
   d. *Software*

10. **Los tipos de *honeypots* que se basan en el despliegue son:**

    a. Físicos/virtuales
    b. Baja/media/alta interacción
    c. Lógicos/físicos
    d. Lógicos/virtuales

Glosario

802.1X
Es una norma del IEEE para el control de acceso a red basada en puertos.

AH
Es un protocolo de IPSec que se encarga de la autenticación del emisor y la integridad del mensaje.

Amenaza (informática)
Es todo elemento o acción capaz de atentar contra la seguridad de la información.

Ataque (informático)
Es un método por el cual un individuo, mediante un sistema informático, intenta tomar el control, desestabilizar o dañar otro sistema informático.

Autenticación
Procedimiento informático que permite asegurar que un usuario de un sitio web u otro servicio similar es auténtico o quien dice ser.

Autorización
Es el proceso de un sistema informático por el cual se protegen los recursos del sistema, permitiendo que solo sean usados por aquellos consumidores a los que se les ha concedido autorización para ello.

Biométrico
Se ha utilizado recientemente para referirse al campo de estudio sobre la tecnología de la información para obtener mecanismos de identificación de los individuos a partir del uso de rasgos biológicos como: el ADN, huellas dactilares, etc.

Certificado digital

Es un fichero informático firmado electrónicamente por un prestador de servicios de certificación, considerado por otras entidades como una autoridad para este tipo de contenido, que vincula unos datos de verificación de firma a un firmante, de forma que únicamente puede firmar este firmante, y confirma su identidad.

CHAP

(Challenge Handshake Authentication Protocol) Es un protocolo de autenticación por desafío mutuo.

Ciberdelicuente

Persona que utiliza el ordenador y las redes de comunicaciones para cometer delitos.

Cibersociedad

Es el lugar donde existen y se producen las comunicaciones electrónicas. Un espacio para la nueva sociedad, que se encuentra estructurado a partir de información que circula de una máquina a otra, invisible pero absorbente, que busca cubrir en la mayoría de los casos una necesidad humana ya sea por el trabajo, la educación, el ocio, las actividades económicas, comerciales y las actividades de la vida cotidiana.

Cifrado

Es un procedimiento que utiliza un algoritmo de cifrado con cierta clave (clave de cifrado) para transformar un mensaje, sin atender a su estructura lingüística o significado, de tal forma que sea incomprensible o, al menos, difícil de comprender a toda persona que no tenga la clave secreta (clave de descifrado) del algoritmo.

Clave asimétrica

Es el método criptográfico que usa un par de claves para el envío de mensajes. Las dos claves pertenecen a la misma persona que ha enviado el mensaje. Una clave es pública y se puede entregar a cualquier persona, la otra clave es privada y el propietario debe guardarla de modo que nadie tenga acceso a ella.

Clave simétrica

Es un método criptográfico en el cual se usa una misma clave para cifrar y descifrar mensajes en el emisor y el receptor.

Código *Hash*

Es una secuencia alfanumérica de caracteres de longitud normalmente fija que representa un resumen de toda la información que se le ha dado.

Confidencialidad

Es la propiedad que impide la divulgación de información a individuos, entidades o procesos no autorizados. A grandes rasgos, asegura el acceso a la información únicamente a aquellas personas que cuenten con la debida autorización.

Criptografía

Arte y técnica de escribir con procedimientos o claves secretas o de un modo enigmático, de tal forma que lo escrito solamente sea inteligible para quien sepa descifrarlo.

Cyberespionaje

Es el acto o practica de obtener secretos sin el permiso del poseedor de la información (personal, sensible, propietaria o de naturaleza clasificada), de individuos, competidores, rivales, grupos, gobiernos y enemigos para ventaja personal, económica, política o militar usando métodos en la internet, redes o computadoras individuales a través del uso de técnicas de *cracking* y *software* maliciosos incluyendo *troyanos* y *spyware*.

Disponibilidad

Es la característica, cualidad o condición de la información de encontrarse a disposición de quienes deben acceder a ella, ya sean personas, procesos o aplicaciones. *Grosso modo,* la disponibilidad es el acceso a la información y a los sistemas por personas autorizadas en el momento que así lo requieran.

DMZ

En seguridad informática, una zona desmilitarizada (conocida también como DMZ, sigla en inglés de *demilitarized zone)* o red perimetral es una zona insegura que se ubica entre la red interna de una organización y una red externa, generalmente en internet.

DoS

En seguridad informática, un DoS es conocido como un ataque de denegación de servicio. Normalmente provoca la pérdida de la conectividad con la red por el consumo del ancho de banda de la red de la víctima o sobrecarga de los recursos computacionales del sistema atacado.

Encriptar

En informática, se refiere a la acción de transformar un mensaje o información en otro diferente mediante técnicas para asegurar la confidencialidad de la información que se transmite.

Fingerprinting

Se refiere a cualquier método utilizado para obtener toda la información posible sobre el sistema operativo que se pretende atacar. Esta información no suele ser pública obviamente, y se consigue haciendo uso de técnicas y herramientas mucho más específicas.

Firewall

Es un elemento que puede encontrarse en forma de *software* o de *hardware*, y que se ubica en un lugar de la red con el objetivo de controlar y filtrar todas las comunicaciones que atraviesan los dos puntos que separa.

Footprinting

Es básicamente el primer paso donde el *hacker* recoge tanta información como sea posible para encontrar formas de intrusión en un sistema objetivo o al menos decidir qué tipo de ataques serán más adecuados para el objetivo.

Hacktivismo

Es hacer *hacking, phreaking* o crear tecnología para conseguir un objetivo político o social.

IDS

(Sistema de detección de intrusiones) es un tipo de *hardware* o *software* que tiene como objetivo monitorizar las comunicaciones entre sistemas informáticos, con el fin de detectar la intrusión o intento de intrusión en alguno de ellos.

Ingeniería Social

Es el conjunto de técnicas o estrategias sociales utilizadas de forma premeditada por un usuario para obtener algún tipo de ventaja respecto a otro u otros.

Integridad

Es la propiedad que busca mantener los datos libres de modificaciones no autorizadas (no es igual a integridad referencial en bases de datos). *Grosso modo,* la integridad es mantener con exactitud la información tal cual fue generada, sin ser manipulada ni alterada por personas o procesos no autorizados.

Intrusión

Es todo acceso que no ha sido autorizado a un equipo, sistema informático o red de comunicaciones que viola las políticas de seguridad y supone una amenaza.

IPSec

Es un protocolo apoyado por la IETF, que proporciona servicios de seguridad a la capa 2 (IP) y a la capa 3 (TCP) del modelo TCP/IP.

L2TP

(Layer 2 Tunneling Protocol) es un protocolo que se pueden utilizar para definir e implementar VPN

Plan de seguridad

Los planes agrupan procedimientos de seguridad informática para aplicar políticas de seguridad.

Política de seguridad

Es un conjunto de instrucciones que son elaboradas con el fin de determinar una forma de actuar para prevenir posibles situaciones donde se produzca un aumento del riesgo informático.

PPP

(Point-to-Point Protocol) es un protocolo del nivel de enlace de datos, utilizado para establecer una conexión directa entre dos nodos de una red.

PPTP

(Point-To-Point Tunneling Protocol) es un protocolo de comunicaciones que no es un estándar, pero se ha estado utilizando para VPN desde el principio de sus orígenes.

Proxy

Es un agente o sustituto autorizado para actuar en nombre de otra persona (máquina o entidad).

Seguridad de la información

Es el conjunto de procedimientos y técnicas que intenta prevenir de posibles amenazas, cualquier medio donde se localice información, ya sea un sistema informático o bien un impreso en papel.

Seguridad informática

Es el conjunto de procedimientos y técnicas que intentan proteger la información de cualquier amenaza, ya sea interna o externa, con el objetivo de asegurar la continuidad de negocios, minimizar el daño comercial y maximizar el reembolso de las inversiones y oportunidades comerciales.

SHA

(Secure Hash Algorithm) es una familia de funciones hash de cifrado.

Sistema de información

Es el conjunto de elementos orientados al tratamiento y administración de datos e información, organizados y listos para su uso posterior, generados para cubrir una necesidad o un objetivo.

SSL/TLS

El SSL *(Security Socket Layer)* y el TLS *(Transport Layer Security)* son los protocolos de seguridad de uso común que establecen un canal seguro entre dos ordenadores conectados a través de internet o de una red interna.

SSTP

(Secure Socket Tunneling Protocol) es un protocolo que se utiliza para crear redes VPN.

TCP

(Transmission Control Protocol) es uno de los protocolos fundamentales del modelo de comunicaciones actual para internet.

TCP/IP

Es el conjunto de protocolos que se disponen en capas para las comunicaciones en internet.

Tecnología de la información

Es la aplicación de ordenadores y equipos de telecomunicación para almacenar, recuperar, transmitir y manipular datos, con frecuencia utilizado en el contexto de los negocios u otras empresas.

VPN

Virtual Private Network es un mecanismo para definir redes privadas a nivel lógico sobre redes públicas (infraestructura). De tal forma que los paquetes de comunicación viajan por la red pública encapsulados y cifrados para llegar a los equipos remotos que forman la red privada. Con esto se consigue que los dispositivos que pertenecen a una red privada envíen y reciban datos sobre redes compartidas o públicas simulando una red LAN.

Bibliografía

Libros, monografías

→ PATRICK E.: *The Basics of Hacking and Penetration Testing: Ethical Hacking and Penetration Testing Made Easy.* [s.l.]: Syngress, 2013.

La segunda edición de Conceptos básicos de piratería y pruebas de penetración sirve como introducción a los pasos necesarios para completar una prueba de penetración o realizar un truco ético de principio a fin. El libro enseña a los estudiantes cómo utilizar e interpretar correctamente los resultados de las herramientas de piratería modernas necesarias para completar una prueba de penetración. Proporciona una explicación simple y clara de cómo utilizar de manera efectiva estas herramientas, junto con una metodología de cuatro pasos para realizar una prueba de penetración o pirateo, equipando así a los estudiantes con los conocimientos necesarios para comenzar sus carreras y obtener una mejor comprensión de seguridad ofensiva.

→ STALLINGS, W.: *Fundamentos de seguridad en redes.* [s.l.]: Pearson, 2004.

En esta era de la conectividad electrónica universal, de virus y *hackers*, de escuchas y fraudes electrónicos, no hay un momento en el que no importe la seguridad. Dos tendencias han confluido para hacer de interés vital el tema de este libro. En primer lugar, el enorme crecimiento de los sistemas de computadores y sus interconexiones mediante redes ha hecho que organizaciones e individuos dependan cada vez más de la información que se almacena y se transmite a través de estos sistemas. Esto, a su vez, ha llevado a un aumento de la conciencia de la necesidad de proteger los datos y los recursos, de garantizar la autenticidad de los datos y los mensajes y de proteger los sistemas frente a ataques a la red.

→ VV. AA.: *Seguridad perimetral monitorización y ataques en redes.* Madrid: Mundo Hacher, 2014

> El objetivo de este libro es introducir al lector en el mundo de la seguridad y el *hacking*, centrándose en la seguridad de las redes y de los datos que circulan por ellas. En él se explica al detalle cómo asegurar e interceptar las comunicaciones, desde el punto de vista del atacante y de la víctima.
> Se trata de un contenido eminentemente práctico, que permitirá al lector iniciarse desde cero en este apasionante mundo del *hacking* de redes, comenzando por unas nociones de imprescindible conocimiento sobre el espionaje de redes y la intrusión en las mismas, a través de herramientas de monitorización de tráfico de red, técnicas de intercepción de información, interpretación de la información obtenida y métodos de protección contra intrusos.

Textos electrónicos, bases de datos y programas informáticos

→ Aspectos de Seguridad en Redes Locales e Inalámbricas: Acceso a la Red controlado por puerto (IEEE 802.1X), de: <https://iie.fing.edu.uy/eventos/cita2003/articulosvf/59.pdf>.

> Buen artículo donde se explican conceptos de protocolos de autenticación, dando una visión más concreta sobre el protocolo 802.1x.

→ Diseño e implementación de políticas de seguridad informática, red y virtualización apoyadas con *software* libre en la compañía tecnología y redes SA, de: <https://ishareslide.net/document/diseno-e-implementacion-de-politicas-de-seguridad-informatica-red-y-virtualizacion-apoyadas-con-sw-libre-en-la-compania-tecnologia-y-re-pdf>.

> Proyecto de grado presentado por Javier Orlando, donde se introduce a las políticas de seguridad informáticas de una forma sencilla y didáctica.